しずおか道の駅本

道の駅がおもしろい。
ドライブ休憩だけじゃもったいない!
イマドキの「道の駅」は個性派ぞろいで、
『食べる』『買う』『体験』『絶景』
『見る』『遊ぶ』『温泉』『泊まる』と、
おいしい!楽しい!が満載です。
そこで、県内全21駅&近隣の厳選6駅を徹底取材。
さらに東名高速道路SA・PAの選りすぐり情報もプラスしました。
道の駅めぐりの案内本として、ご活用ください。

しずおか 道の駅本

index map

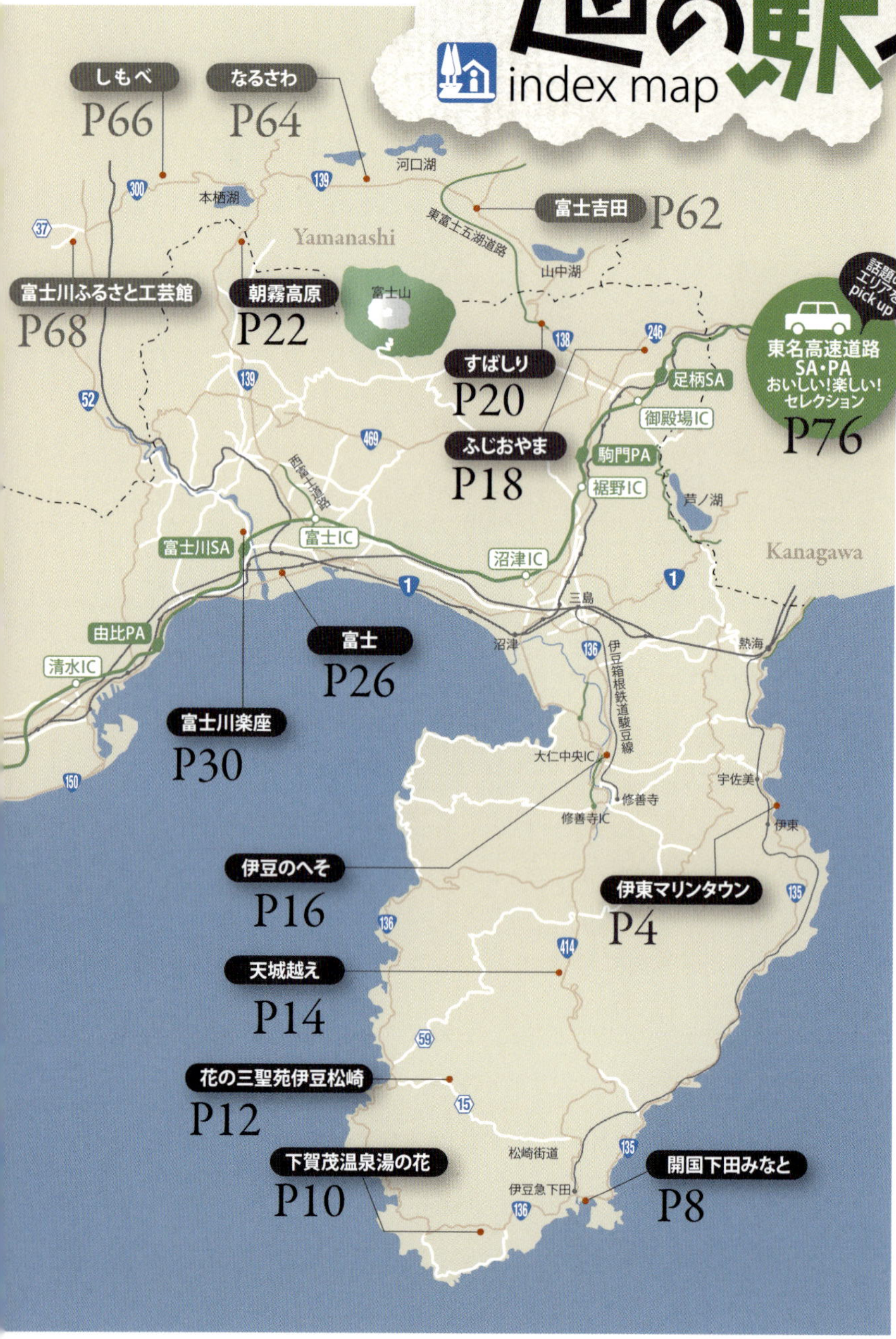

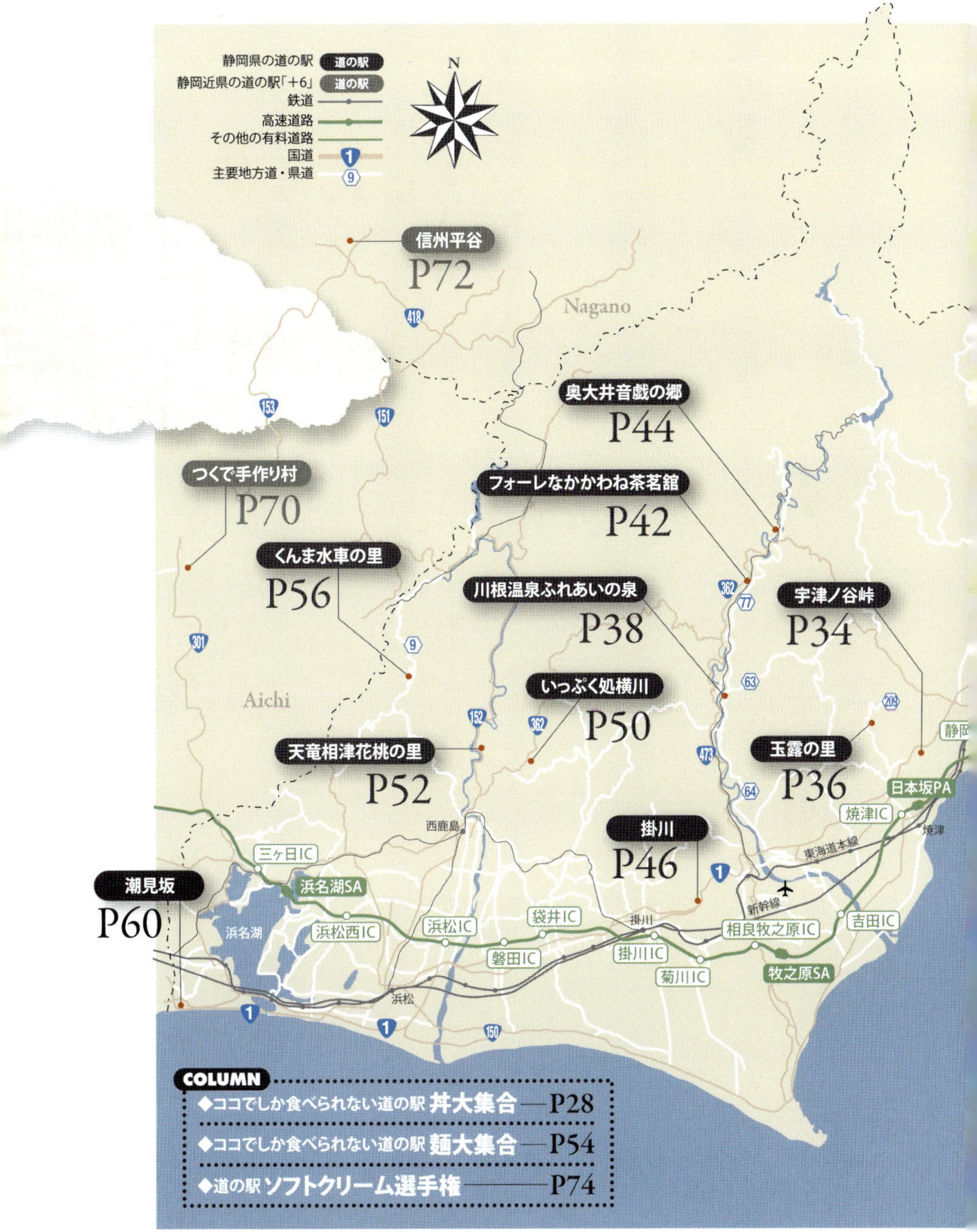

COLUMN

●データ内の定休日の表記は年末年始等の休みは省略しています。
●本誌掲載記事は2011年3月1日現在のものです。(道の駅「すばしり」は4月15日現在)

【道の駅】伊東マリンタウン

「買・食・遊・湯」が盛りだくさん。丸一日楽しめるテーマパーク

食べて、遊んで、温泉に入る。年間200万人もの来場者がある人気の道の駅がココ。山海の特産物や土産物の販売をはじめ、幅広いジャンルの飲食フロア、温泉スパという充実の施設内容で、マリーナや遊覧船、関東最大級の屋外足湯「あったまり～な」、恋人の聖地サテライトにも選定された幸せの風吹く「伊東マリンロード」など、潮風を満喫できるスポットもいろいろ。もはやここは、ドライブがてら一息つく場所ではなく、わざわざ出かけたい「テーマパーク」。なにをチョイスしようか迷ってしまうほどだ。

そこでお薦めプランを一つ。まずは遊覧船に乗って潮風を感じながら海底探検の旅を楽しんで、お次は「食」で伊東の魅力を堪能。ニューウェーブ的ご当地バーガーはここならではの味だし、地元で水揚げされた新鮮な海鮮もやっぱり食べたいところ。食後は潮風香る「伊東マリンロード」をプチ散策、そして…伊東と言えばやはり温泉。足湯やスパで一息つこう。水平線を眺めながら日頃の疲れをリフレッシュしたら、締めは楽しいお土産選び。地元特産のニューサマーオレンジや、伊豆特産のぐり茶を使った限定スイーツのおやつタイムもお忘れなく。

伊東市湯川571-19
☎0557・38・3811　営オーシャンバザール（ショップ9:00～18:00※季節変動あり、レストラン11:00～20:30LO）、シーサイドスパ10:00～22:00（最終入館21:00）
休無休（スパは不定休）　P272台

立ち寄りスポット

●東海館 ☎0557・36・2004
昭和初期の建築様式を残す木造3階建ての温泉旅館。現在は観光施設となり見学ができる

●城ヶ崎海岸 ☎0557・37・6105（伊東観光協会）
灯台、吊り橋、海の絶景が楽しめるスポット。ハイキングコースも整備されている

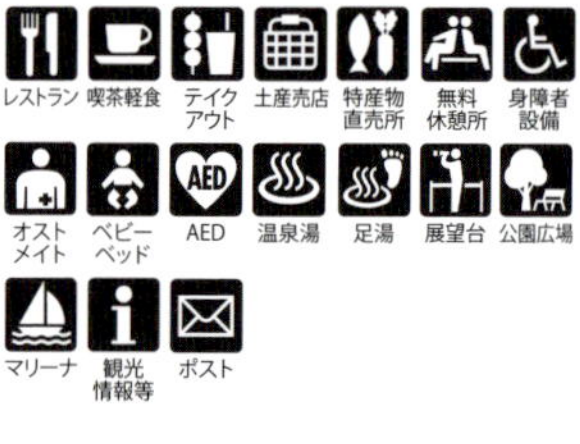

1 リゾート気分が味わえるヨットハーバーが広がる
2 海を望む喫茶店「カフェ・ド・マリーナ」

2

1

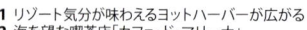

目前に広がる相模湾と港景を独り占め

マリンタウン敷地内にある立ち寄り天然温泉「シーサイドスパ」。ジャグジー、大浴場、サウナのほか、アロマエステ、マッサージ、アカスリなどのリラクゼーションも豊富。入館料／大人（中学生以上）1000円、子ども500円、ナイト（18:00以降）大人800円、子ども400円※ともにタオル別、繁忙期は特別料金設定あり

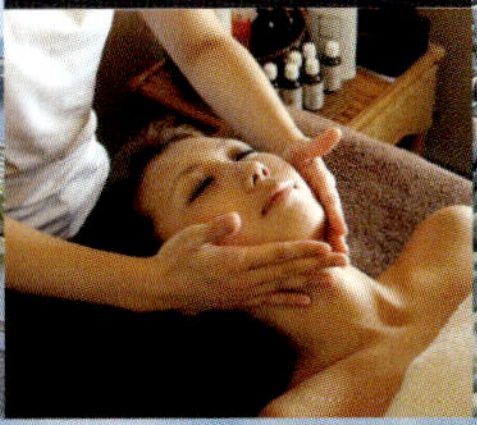

温泉 なんと全長43メートル! なが〜い足湯

一度に約70人が入れる関東最大級の屋外足湯「あったまり〜な」。目の前に広がるマリーナや相模湾を眺めながら、疲れた足を癒やそう

マリンロードの先端にある重岡建治氏作のモニュメント「あい・讃歌」

絶景 幸せの風吹く伊東マリンロード

マリンタウンに併設されている全長417.5mの海の遊歩道。青い海の先には手石島、山側には天城山景が望め気分爽快。途中には願いを込めてリボンを結ぶ「幸せリボン」のスポットもある（リボン1本100円）。無料開放／11:00〜15:00
※天候により閉門の場合あり

イルカの船に乗って海底探検♪

目の前を
泳ぐ魚たち
に感動！

見る

船底から水中を泳ぐ魚たちの姿が見える半潜水型海中展望船「はるひら丸」。手石島、与望島等をめぐる、潮風に吹かれながらの約40分のコースだ。乗船料／大人1600円、中高生1200円、子ども800円。このほかに船長気分で記念撮影できる未来派高速遊覧船「ゆーみんパイレーツ」もあり、花火や初日の出が拝めるイベントクルーズも見逃せない。乗船料／大人（中学生以上）1600円、子ども800円

食べる

ココでしか味わえない ご当地グルメが盛りだくさん

食事とショッピングが楽しめる「オーシャンバザール」。魚介、和食、洋食、桜エビのかき揚げが自慢のそば、うどんなどさまざまなレストランがそろう

みかんジュースロボ登場!自分で作る搾りたてのジュースは格別。1杯380円～〈伊豆高原ビール〉

1

伊東魚市場からの新鮮なネタ「まぐろづくし」1570円〈伊豆太郎〉

2

地魚のすり身をアレンジしたご当地グルメ「ちんちんバーガー」800円〈カフェ・ド・マリーナ〉

3

1 魚介のパテと伊豆特産のミカンなどを使ったご当地グルメ「伊東バーガー」840円〈伊豆高原ビール〉
2 伊東を代表する駅弁屋・祇園の「いなり寿司」6個入り570円
3 手作りの味「お魚メンチ定食」600円〈シーサイドスパマリーナ展望レストラン〉

買う

甘党、辛党どっちもありの お土産グルメ

オーシャンバザール1階にはズラリとショップが並ぶ。人気はやっぱり海産物とお菓子。試食できるものもあるのでお気に入りを探してみては

4

5

6

7

8

4 人気銘菓「うり坊ぐり坊」各1個140円〈和洲〉
5 人気の焼酎からジュース、ワイン、ゼリーなど、ニューサマーオレンジ関連の商品も種類豊富〈八百〆〉
6 ちりめん、エビ、ホタテの3種類の煎餅「まるごとぺったんこ」各350円〈茶房 伊豆自然生活〉
7 口当たりまろやかで濃厚な「ぐり茶プリン」1個120円〈和洲〉
8 日本三大珍味「からすみ」スライス530円～。写真は贈答用1腹4000円～〈からすみ屋〉

【道の駅】開国下田みなと

電車でもOK。下田の歴史に触れ、山海の幸を思う存分堪能しよう

ペリーが黒船を率いて入港した、日本初の開港地・下田港を一望できる道の駅。４階建ての館内は「歴史の交流館」と「海の交流館」の２つのテーマ館に分かれていて、注目すべきは４階にある「ハーバーミュージアム」。下田の街の歴史をミラービジョンや精密な復元模型で展示解説しているほか、貴重な映像を２００インチの大画面シアターで観覧することもできる。また釣り好きには２００８年の国際カジキ釣り大会を記念して創設された「カジキミュージアム」もお薦め。展望テラスからは、下田港の絶景を一望でき、潮風を感じながらのんびり過ごすのにもってこいの癒やしスポットだ。

そしてグルメ派は、目の前の下田港から水揚げされた新鮮な魚介を味わえる回転寿司や食事処が並ぶ１階の「海の交流館」へ。伊豆下田の特産品も多数販売し、漁協直売所では活きのいいイセエビやサザエなど贅沢な海の幸も低価格で購入できるほか、ニューサマーオレンジやワサビなどの地元の山の幸も豊富にそろう。伊豆急下田駅から徒歩10分圏内。電車でも出かけることのできる道の駅だ。

下田市外ヶ岡1-1
☎0558・25・3500
営9:00～17:00（店舗により異なる）
休無休（テナントは不定休）
P216台（大型10台）

立ち寄りスポット

●伊豆クルーズ ☎0558・22・1151（下田営業所）
下田港を遊覧船「黒船」に乗って1周。約20分の潮風クルージングが楽しめる

●下田ロープウェイ ☎0558・22・1211
ロープウェイで寝姿山の頂上へ。山頂は花公園になっていて、下田港から伊豆七島、雄大な天城連山を一望することができる

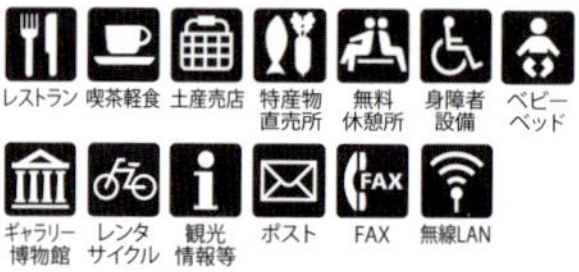

体験
海藻押し花教室が月に1～3回
不定期で開催されている

絶景

開国の舞台を最高のロケーションで一望

ハーバー＆カジキミュージアムの奥にあるテラスから下田港が一望できる。快晴の日は海と空の青のコントラストが美しい

ハーバーミュージアム

カジキミュージアム

見る

下田の美しい自然と歴史を見学しよう

ハーバーミュージアムで下田の歴史と自然をちょっとお勉強。カジキミュージアムは釣り好き必見。

営9:00～17:00（最終入館16:30） 入館料／大人500円、小中学生250円※共通入館

食べる

下田の鮮魚を和食で！洋食で！

回転寿司から和食処、カフェとよりどりみどり。下田港で揚がる新鮮な魚介類をいろんな料理で味わえる

人気商品「地金目ずし」1皿430円

刺身、煮魚のセット「金目鯛コース」1575円

ご当地バーガー「下田バーガー」1000円

買う

下田のいいとこ取りをお持ち帰り

9月頃から獲れるイセエビやサザエなど海の幸がズラリ。干物や一夜干しなどの加工品も豊富で、地元産の季節の野菜や果物、農協の手作りジャムなどもある

「農協づくり果実ジャム」各500円

「金目鯛せんべい」大1050円・小630円

「金目鯛干物」2枚1000円

「ニューサマードリンク」180mℓ170円

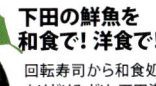

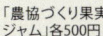

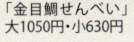

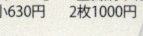

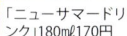

【道の駅】下賀茂温泉 湯の花

河津桜と菜の花の絶景に癒やされ、海と山の旬に大満足

2009年のオープン以来、観光客の人気を呼んでいる道の駅「下賀茂温泉湯の花」。お目当てはやはり、地元の旬の味だ。会員数500を超える地元農家が作る農産物から、地元産の岩海苔、干物、イセエビまで、山の幸、海の幸どちらもそろうのが最大の魅力だ。そんな農水産物直売所のベスト3は、地元の自然薯を使った「自然薯豆腐」、天然塩仕込み・天日干しの手作りで酒の肴にもいい「サンマの燻製」、そして甘夏、ニューサマーオレンジ、ポンカン、デコポンといった季節ごとの柑橘類。売り切れになることもあるので、早めの時間帯がお薦めだ。

さて、季節限定のとっておきをひとつ。2月上旬から3月上旬にかけて、駅の裏手にある青野川に絶景が出現する。川沿いに植えられた河津桜が一斉に咲き誇り、その足元には菜の花が満開となる「みなみの桜と菜の花まつり」が開催されるのだ。ピンクと黄色に覆われたその風景はまさに、心癒やされる大自然のたまもの。約2km続く桜の道を歩けば心は「春爛漫」！そして駅に戻ったらすかさず、下賀茂温泉の源泉かけ流しの足湯へ。のんびりお湯につかれば、疲れも取れて気分爽快、間違いなしだ。

賀茂郡南伊豆町下賀茂157-1
☎0558・62・0141
営9:00～17:00、直売所9:00～16:00、足湯10:00～17:00　休無休　P56台

立ち寄りスポット

●銀の湯会館 ☎0558・63・0026
下賀茂温泉にある町営の日帰り温泉施設。岩風呂、南国風呂などの露天風呂と大浴場などがある

●下賀茂熱帯植物園 ☎0558・62・0057
ハイビスカスやブーゲンビリアなどの植物が一年中咲き誇る温泉熱を利用した花の楽園。パーラーではトロピカルフルーツも味わえる

テイクアウト　土産売店　特産物直売所　無料休憩所　身障者設備　オストメイト　ベビーベッド
AED　足湯　ギャラリー博物館　観光情報等

地元作家の作品も並ぶ

金魚草、ストック、スイセンなどの切り花も

特産の柑橘類も販売中

絶景

河津桜と菜の花の道を、のんびり歩こう

青野川は、早咲きの桜「河津桜」と「菜の花」が楽しめるとっておきのスポット。ピンクと黄色のコントラストはまさに春の絶景だ。毎年開花時期に合わせてイベントが開かれ、大勢の人でにぎわう

温泉熱を利用した温室では町花・マーガレットが栽培されている。見頃は12〜5月

温泉

足湯と手湯と地蔵の湯

足湯（無料）で体までぽかぽかに。ぬるめの温度が心地いい手湯、地蔵の湯もある

「夏みかんシャーベット」「夏みかんシャーベット最中」各200円

「かき菜」100円、「アロエベラ」150円〜、特大「ブロッコリー」250円〜、「菜花」100円

「ポンカンミックスジュース」300円、「菜花ジュース」250円（季節限定）

「自然薯豆腐」270円

「はばのり」1200円くらい〜、「糸ひじき」520円、「ふのり」500円

買う

「はばのり」、「燻製」、「イセエビ」をお土産に

南伊豆で採れる岩海苔を板海苔にしたのが「はばのり」。軽く炙って揉みほぐしてご飯のともに。「サンマの燻製」はそのまま食べても、軽く炙ってもOK

「サンマの燻製」1枚180円、「カットイセエビ」2000円

【道の駅】花の三聖苑伊豆松崎

温泉、桜、花時計。清流の音を聞いてのんびりと

町の中心部を清流が流れ、なまこ壁が点在する松崎町。そんな情緒あふれる松崎にある道の駅「花の三聖苑伊豆松崎」は、道の駅には珍しい温泉施設を備えている。「かじかの湯」は男女それぞれに内湯と露天風呂を完備。裏を流れる清流の音を聞きながらゆったりと日頃の疲れをリフレッシュ！そんな観光客でにぎわっている。春には清流沿いに１２００本の桜が咲き、ピンク色に染まった川沿いの景色はまさに圧巻。時報ごとに曲が変わる大きな花時計は季節の花に彩られ、広場には随所にベンチも設置されているので、自然豊かな景色に癒やされながら散策を楽しむのもいい。

そして、お腹が空いたら食事処「天城山房」へ。町営施設でしか食べられない桜葉アイスなど、特産・桜葉を使った料理から郷土料理まで豊富にそろい、愛情のこもった手料理が魅力だ。併設の土産店では、桜葉そばや黒米うどんなど、地元を代表する手作り土産も購入できる。そのほか松崎の文化や歴史に触れられる「三聖会堂」や「大沢学舎」など、無料で見学できる施設もある。興味のある人はのぞいてみよう。

賀茂郡松崎町大沢20-1
☎0558・42・3420
営 特産品直売所・売店・レストラン・喫茶軽食9:00～17:00、三聖会堂・大沢学舎9:00～17:00、温泉会館9:00～20:00（最終入館19:30） 休 無休 P 92台（大型5台）

立ち寄りスポット

●伊豆の長八美術館 ☎0558・42・2540
松崎が生んだ漆喰芸術（鏝絵）の名工、入江長八の作品を展示。漆喰による繊細で緻密な立体作品はルーペで鑑賞できる

●重要文化財　岩科学校 ☎0558・42・2675
なまこ壁を生かした社寺風建築様式に、洋のスタイルを取り入れた伊豆最古の小学校

レストラン　喫茶軽食　土産売店　特産物直売所　身障者設備　ベビーベッド　AED
温泉湯　公園広場　ギャラリー博物館　インターネット

1 直径11mの花時計は駅のシンボル
2 松崎出身の先駆者・土屋三余、依田佐二平、依田勉三の3人の偉業を紹介する三聖会堂（見学無料）
3 三聖人の一人・依田佐二平が私財を投じて開校した公立小学校を移築復元した大沢学舎（見学無料）

3

2

1

絶景

春のひとときにしか出会うことができない極上の風情…

那賀川沿い約6kmにわたり植えられた1200本のソメイヨシノ

温泉

立ち寄り湯「かじかの湯」でほっこりと

露天と内湯が男女各1つ、計4つの風呂がある。入浴料／大人500円、小学生300円

食べる

桜葉や黒米を使った料理をぜひ

20年前から変わらぬ人気の「桜葉アイス」300円

「天城山房」のお薦めは、松崎の名産、大島桜の葉を練り込んだそば「桜もり」、石部棚田の黒米を使ったモチモチ感が後を引く「黒米うどん」。もちろんデザートもお忘れなく

「黒米うどん」840円

「桜もり」730円

買う

土地の味をお土産に

「みかん（温州、甘夏、ニューサマー）」時価

「桜葉クッキー」小525円、大1050円

「桜葉そば」650円

「棚田の黒米うどん」450円

【道の駅】天城越え

多くの文豪に愛された天城で、足跡を辿り、山の恵みを味わう

昭和天皇が天城の八丁池に行幸されたことから名付けられた「昭和の森」。その1600haという広大な国有林にある道の駅がここだ。駅内には、天城路ハイキングコースや農林業の歴史を紹介する「森の情報館」。伊豆ゆかりの文学者の資料を展示する「伊豆近代文学博物館」が入った「昭和の森会館」のほか、「緑の森」、「天城わさびの里」、「たけのこかあさんの店」の3つのレストランや売店がある。ワサビの収穫体験やワサビ漬け作り体験（要予約）ができるほか、天城の清流で育った香り高い本ワサビを使ったグルメが楽しめるのもここならでは。そのほか、天城産の肉厚な原木シイタケや、猪グルメなど、山の恵みが盛りだくさんだ。

季節によって趣は違うが、最も美しいのは秋。駅の裏手には、紅葉を見ながら散策するにはもってこいの池泉回遊式庭園があり、ゆったりとベンチで休息しながら澄んだ空気でリフレッシュしたい。文豪・井上靖の旧邸も展示されており、旧邸裏の踊り子歩道周辺は特に紅葉が見事。もみじのじゅうたんの上を歩いてみては。

伊豆市湯ヶ島892-6
☎0558・85・1110
営昭和の森会館8：30～16：30、緑の森（レストラン10：00～15：00）（売店～16：30）、天城わさびの里8：30～16：30（夏季～17：00）、たけのこかあさんの店9：30～16：00
休緑の森、天城わさびの里無休、たけのこかあさんの店水曜（夏季・2/10～3/10は営業）、昭和の森会館第3水曜　P215台

立ち寄りスポット

●浄蓮の滝 ☎0558・85・1056
（伊豆市観光協会天城支部）
伊豆最大級の名瀑。玄武岩の岩肌を幅7m、高さ25mにわたり流れ落ちるさまが迫力大。日本の滝100選にも選定されている

●旧天城トンネル ☎0558・85・1056
（伊豆市観光協会天城支部）
旧天城峠から続く、全長445.5m総石造りのトンネル。国の重要文化財

レストラン　喫茶軽食　テイクアウト　土産売店　特産物直売所　無料休憩所　身障者設備
ベビーベッド　AED　公園広場　体験施設　ギャラリー博物館

見る
1「伊豆近代文学博物館」入館料／大人300円、小学生100円
2「森の情報館」入場無料
3「井上靖旧邸」（博物館の入館料に含まれる）

3

2

1

絶景

紅葉、青空、緑のコントラストは絵画のよう

昭和の森会館庭園のもみじが色づく秋には、紅葉を眺めながらの散策がお薦め。水車小屋のほか、庭園中央には飛び石の打たれた大きな池があり、水面に映る景色がキレイだ。毎年11月には紅葉まつりも開催される

その数1万3千本!
目前に広がるシャクナゲ

道の駅に隣接する5万5千㎡もの広大な天城グリーンガーデンでは4～6月上旬に約500種1万3千本のシャクナゲが咲き誇り、淡いピンク色に染まる(8:30～16:30無料開放、第3水曜・12～3月は閉園)

ワサビ田
収穫体験

自家製
ワサビ漬け

体験

天城に来たらやっぱりワサビ漬け体験

採れたての良質なワサビを使ったワサビ漬け作りを、丁寧にレクチャーしてくれる。体験料／1050円　体験可能時間／9:00～15:00、要予約(天城わさびの里)

紅葉まつりの時期には、お茶のサービスをしています

食べる

ワサビ、猪、伊豆牛の満腹グルメ

4 野菜たっぷり「猪汁セット」1050円(11～3月は数量限定)
5 「伊豆牛カレーライス」サラダ、豆乳プリン付き900円
6 本ワサビの茎入り「わさびごはん」300円

買う

まずは名物コロッケをテイクアウト

7 天城産原木シイタケの甘煮入り「しいたけコロッケ」と、マヨネーズとワサビの風味がマッチした「わさびっ葉コロッケ」各1個120円
8 「わさび漬け各種」パック入り320円～
9 不動の人気「猪最中」6個入り710円～
10 無添加で安心安全。月ヶ瀬の「梅シロップ」小700円～

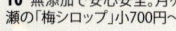

【道の駅】
伊豆のへそ

伊豆の大自然をたっぷり楽しむ、遊びの情報発信基地

ロッククライミングスポットとしても知られる標高342mの岩山「城山」を擁する伊豆の国市にある道の駅。伊豆の真ん中に位置し、近くにある城山がまるで「へそ」のように見えることから命名された。アユの友釣り発祥の川として知られる狩野川にも近く、カヌーや釣り、サイクリング、トレッキングなど、アウトドアスポーツのメッカとして注目されている。道の駅には伊豆の国市観光協会の職員が常駐し、アウトドアスポーツや、観光名所などを案内してくれる。また道の駅・伊豆の国市内・伊豆市内の6カ所にレンタサイクルのステーションがあり、1台500円で1日利用可能（受付時に保証金としてプラス1000円預かり、10〜16時）。伊豆の自然や史跡、立ち寄り湯などを巡る、自転車周遊コースに出掛けるのもお薦めだ（レンタルは利用日の2日前までに要予約・☎0558・72・1841）。また、伊豆の国市をはじめとする伊豆半島は、映画やドラマなどの撮影が数多く行われている日本有数のロケ地でもあり、併設のロケミュージアムでは、『世界の中心で、愛をさけぶ』や『少林少女』など、伊豆の国市で撮影されたドラマや映画の小道具や台本が展示されている。

伊豆の国市田京195-2
☎0558・76・1630
営10:00〜16:00　休無休　P100台

立ち寄りスポット

●伊豆の国パノラマパーク ☎055・948・1525
恋人の聖地に選定された山頂の空中公園まではロープウェイで約7分の空中散歩。富士山や箱根、天城など360度の大パノラマが楽しめる

●サイクルスポーツセンター ☎0558・79・0001
その名の通りの自転車の国。5キロサーキット、マウンテンバイクコースのほか、おもしろ自転車、サイクルコースターなども楽しめる

レストラン　喫茶軽食　テイクアウト　土産売店　特産物直売所　無料休憩所　身障者設備
ギャラリー博物館　レンタサイクル　観光情報等　ポスト　FAX　無線LAN

見る　伊豆が舞台となった映画の世界へ。「伊豆・ロケミュージアム」

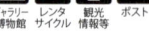

体験 伊豆の自然をアウトドアスポーツで堪能！

狩野川でフィッシング

レンタサイクルが楽しめるのも、ここならでは。毎年10月には「狩野川100kmサイクリング」、春と秋には「トレッキング体験」などのイベントも開催され、毎回大勢の参加者でにぎわう。カヌーやトレッキングなどの体験各種は、道の駅で事前予約して出掛けよう

買う 地場産品の宝庫「大仁まごころ市場」

道の駅から少し離れた場所にある「大仁まごころ市場」。生産者が自ら、毎朝値付けした地場産品が並ぶ。市価の3〜4割引きの商品も多く、またたく間に売り切れる。オープン直後〜午前中が狙い目だ

●大仁まごころ市場／伊豆の国市田原野440-4　☎0558・75・4580
営9：00〜16：00（まごころ食堂は11：00〜14：00、土・日・祝日10：30〜14：00）
休第1・3木曜（変動あり）

買う 伊豆のおいしいものを厳選販売

店の一番人気は「ソフトクリーム各種」300円〜。青バラや抹茶味のほか、季節によってワサビ味、ミカン味なども登場

1 「わさび漬」630円、「わさびみそ」680円、「とうがらしみそ」500円、「わさびのり」680円
2 「無農薬・無化学肥料栽培　黒米」530円〜
3 「修善寺の天然水」190円、「伊豆の天然水」150円
4 「青バラソフトクリーム」300円
5 「抹茶ソフトクリーム」300円

1

2

3

5 4

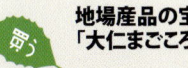

【道の駅】ふじおやま

清らかな水が流れる富士山麓。愛らしい金太郎にも会える!?

御殿場からほど近い国道246号沿いにある道の駅「ふじおやま」の魅力はなんといっても、豊かな自然に囲まれた小山町の特産物にある。駅内には農産物直売所「みくりやの郷」、隣接の土産売店、奥には焼きたてパンが楽しめるパンコーナー、そして定番からご当地メニューまでそろうレストランとさまざまな「食」が集まっていて、多くの人でにぎわっている。

レストランのお薦めはお米の品評会で日本一になった御殿場こしひかり、朝霧牛乳を使った「おこげソフト」や、特産の水掛け菜を使った「富士山水菜カレー」といった、地元食材を生かしたメニュー。ここで提供される米はすべて御殿場こしひかりで、水は富士山の伏流水を使用している。

また、金太郎のふるさとの町として「金太郎伝説」が今も伝わる小山町。施設前には金太郎の水汲み場があり、訪れる人を笑顔で出迎えてくれる。そのほか売店では、金太郎の愛らしいスイーツもあるのでお土産にいかが。開放的な地域交流ルームや、24時間利用可能な休憩スペースなどもあるので、小山町で遊んだ後はぜひ立ち寄ってみよう。

駿東郡小山町用沢72-2
☎0550・76・5258
営 れすとらん「ふじおやま」8：00～20：00（19:00LO）、パン9：30～売り切れ次第終了、土産売店7：00～20：00、農産物直売所9：00～17：00
休 無休、地場産品展示室は火曜（祝日営業、翌日休み） P 107台

立ち寄りスポット

●富士山須走口五合目（5～11月）
☎0550・76・5000（小山町観光協会）
雪解けの時期のみお目見えする須走まぼろしの滝や、高山植物を眺めながらのハイキングが人気

●金時山／足柄峠／誓いの丘
☎0550・76・5000（小山町観光協会）
金太郎富士見ライン沿いの誓いの丘から、足柄城跡がある足柄峠、金時山へと続くドライブコース

見る
展示室には富士スピードウェイのレーシングカーが

買う

豊かな自然に育まれた特産物大集合

有機栽培の小麦など原料にこだわったスイスの伝統製法で焼き上げたパン、清らかな水が湧き出る小山町で育った御殿場こしひかり、ハム、ベーコン、野菜などがいろいろ。おだんごやサブレ、ど ら焼きなど、金太郎シリーズの菓子も外せない

1

2

小山の野菜はどれもおいしいよ!

5

4

3

コシの強さが魅力!

「すやまうどん」
1050円

1 焼きたてパン
2 人気の金太郎グッズ
3 御殿場高原のハムやベーコン
4 御殿場こしひかり
5 農産物直売所みくりやの郷

「おこげソフト」
300円

「富士山水菜カレー」
750円

食べる

カレーの後はおこげソフトでキマリ!

インパクト大の見た目と、水掛け菜の塩気がポイントの「富士山水菜カレー」。富士山型ご飯もユニーク!食後は小山町産御殿場こしひかりのサクサクおこげと、フレッシュな朝霧牛乳を使ったなめらかソフト「おこげソフト」を

金太郎のお墨付き!?「小山の水」

道の駅の看板息子「金太郎」。富士山からの天然水を利用した小山町の水道水はおいしいと評判。空き容器を持参して飲んでみて

【道の駅】すばしり

富士見の特等席で名物「富士山ごうりきうどん」を

２０１１年４月オープンの静岡県で最も新しい道の駅。駅舎の後ろにドーンと構える富士山は迫力満点の特大サイズで、その存在感に圧倒される。２階の「ふじやま食堂」からは、さらに富士山を間近に見ることができ、テラス席も用意されている。富士見の特等席だ。となれば、まずは食事タイム！お薦めは名物「富士山ごうりきうどん」だ。小山町産の「ごてんばこしひかり」の米粉を練りこんだオリジナルで、太く、モチモチとした食感が特色。お米の食味ランキングでトップの特Aに認定された「ごてんばこしひかり」を使ったメニューはコロッケ、おむすび、カレーパン、ジェラートといろいろあり、定食メニューのご飯も、もちろんそうだ。

さて、食後は「足湯」でひと休みし、１階「ＦＵＪＩＹＡＭＡ ＢＡＺＡＡＲ」でお買いものタイム。富士山麓の野菜の直売コーナーは大人気で、価格もお手頃。朝採りで新鮮なのが魅力だ。さらにここでしか買えない「おこめチョコレートクランチ」、「おこめサブレ」などもあり、地元産はちみつを使った「富士山はちみつチーズケーキ」もお薦め。マニアには自衛隊駐屯地のある小山町ならではの自衛隊グッズもある。

駿東郡小山町須走338-44
☎0550・75・6363
営9:00～20:00、足湯10:00～17:00
休無休　P128台

立ち寄りスポット

●富士山東口本宮冨士浅間神社
☎0550・76・5000（小山町観光協会）
境内は杉の大木に囲まれ、夏山シーズンには富士登山の安全を祈願する登山客でにぎわう。道の駅とは、遊歩道で結ばれている

●須走温泉天恵 ☎0550・75・2681
水着で入る「ぷーろ」、本格的な露天風呂、岩盤浴、サウナなどを備えた富士山頂に一番近い日帰り温泉施設

レストラン　テイクアウト　土産売店　特産物直売所　無料休憩所　身障者設備　オストメイト
ベビーベッド　AED　足湯　公園広場　ギャラリー博物館　観光情報等　インターネット
無線LAN

1 東富士五湖道路須走I.Cからすぐのところにある
2 FUJIYAMA BAZAAR
3 足湯「すばしり」。無料
4 富士山の伏流水を汲むことができる。無料

テラス席

富士山と一緒にレストランタイム

コロッケはケチャップライスとチーズ入り。「富士山ごうりきうどん」は天ぷらのほかにかけ、山菜などもある。駿河湾のアジと小山町産の水掛け菜を使った「鯵菜鮨」は限定裏メニュー。あったらラッキー！

「鯵菜鮨セット」（みそ汁、漬物付き）840円

食べる
お米のうどん？お米のコロッケ？
「富士山ごうりきうどん 天ぷら」790円

「ごてんばこしひかりのライスコロッケ定食」1050円

「富士山ごうりきおむすび」130円～

メニュー豊富なテイクアウトコーナーも

1階テイクアウトコーナーでは、「富士山ごうりきおむすび」、「ごてんばこしひかりのもちもちカレーパン」、「萬幻豚のホットドッグ」、「静岡抹茶わさびオレ」などが販売されている

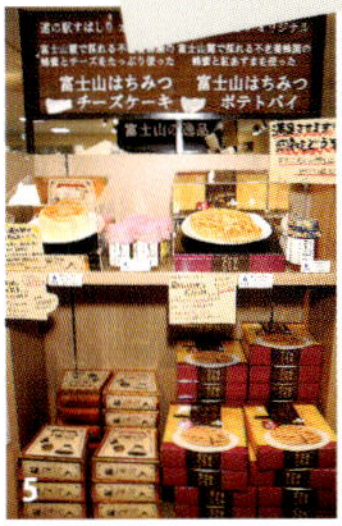

1 「ごてんばこしひかり」の「おこめチョコレートクランチ」525円、「おこめサブレ」525円
2 「富士山ごうりきうどん」840円、「水かけ菜漬」420円～
3 小山町産「ごてんばこしひかり」がズラリ
4 米のほか、旬の地元産野菜もいろいろ
5 道の駅すばしりオリジナルの「富士山はちみつチーズケーキ」1470円ほか

買う

「杵つきもち」から「おこめチョコクランチ」まで

新鮮野菜と並んで人気を呼んでいるのが地元産の米で作られた「杵つきもち」（361円～）。お米のお菓子はお土産にピッタリだ

【道の駅】朝霧高原

富士山麓の恵みを食べて、買って、霊峰にごあいさつ

特大の富士山を背に建つ、赤い屋根の牛舎を思わせる造りが特色の道の駅「朝霧高原」。その展望台から見る西富士の雄姿もさることながら、富士山麓の澄んだ空気と大地から生まれた野菜や豚肉やハム・ソーセージ、牛乳などの人気もかなり高い。なかでも必見は、見たことのないような特大の「富士本なめこ」や富士山麓で育った天然の「自然薯」、「富士山白糸こしひかり」など。まさにこの地でしか出会えない特産物だ。もちろん朝採りの大根、ブロッコリー、シイタケ、キャベツ、サツマイモといった定番ものもズラリと並び、朝から次々と売れていく。また朝霧で育った脂の甘さが特色の銘柄豚「ヨーグル豚」はウインナー、タンハム、味付きモツなどが人気で、生肉も販売している。

そんな地元の食材を使ったメニューがそろうレストランも、当然のことながら評判で、なかでも一番人気はヨーグル豚の「肉丼」（P29参照）。ヨーグル豚は「豚カツ定食」（1050円）、「カツ丼」（800円）、「カツカレー」（800円）、「豚汁」（350円）にも使われ、ヨーグル豚と朝霧牛の合い挽きの「朝霧ハンバーグ定食」は平日限定10食の希少メニューだ。

富士宮市根原字宝山492-14
☎0544・52・2230
営8:00～19:00（夏季～20:00、冬季9:00～18:00）　休無休　P265台

立ち寄りスポット

●本栖湖 ☎0555・87・2518（本栖湖観光協会）
富士五湖の中で最も水深の深い湖で、瑠璃色に輝く湖面の美しさも魅力。カヌー、釣りなどのレジャーも楽しめる

●白糸の滝 ☎0544・27・5240（富士宮市観光協会）
大小数百もの滝が流れ落ちるその姿はまさに幾筋もの絹糸が流れているような美しさだ

レストラン　テイクアウト　土産売店　特産物直売所　無料休憩所　身障者設備　ベビーベッド
AED　展望台　公園広場　観光情報等

絶景

まずは特大富士山と、ご対面。
そして、思いっきり深呼吸

食べる

だからなおさら食べたくなる「限定」メニュー

10月中旬～2・3月、平日6食、土日12食限定「麦とろ定食」1250円

ジャンボサイズの「コロッケランチ」650円

平日限定10食「朝霧ハンバーグ定食」1050円

2

デザートは アイスクリームコーナーで

1 「ミカンとクリ（季節限定）のジェラードアイスクリーム」400円
2 「あさぎり牛乳」250円

1

人は「限定」に弱い。それも、富士山の恵みが使われた、ここでしか食べられないメニューとなれば、なおさらだ。定食の小付や漬物、みそ汁の具も地元野菜が使われ、ご飯は白糸こしひかり。土地の食材満載だ

買う

富士山、富士宮の ご当地グルメオンパレード

季節によって品ぞろえは違うが、毎日開催されている「野菜直売市」には朝採り野菜がいろいろ。その大きさにビックリする「富士本なめこ」はお土産にしても喜ばれるかも。「あさぎり牛乳」のバターやチーズ、「富士の地下水バナジウム」もお薦めだ

3

4

5

6

7

3 富士山天然の「自然薯」は2000円くらい〜
4 人気の「タンハム」660円、「特選あさぎり牛乳」900㎖1200円、「酒ゼリー」367円、「富士山チーズケーキ」1260円など
5 「富士山本なめこ」小420円〜
6 「朝霧ヨーグル豚」のハム、ソーセージいろいろ

7 山中の「鱒寿司」840円、のり巻き入りは682円
8 お手軽サイズの「あさぎり牛乳」160円
9 地元酒造メーカーの酒がズラリと並ぶ

9

8

【道の駅】富士

道の駅静岡県第1号。ご当地グルメ・つけナポリタンが大人気

登録番号「22001」。平成5年に開業した道の駅「富士」。「001」というこの数字こそ静岡県第1号の証で、「22」は静岡県を表している。平成5年春、全国デビューした103の道の駅の一つだ。国道1号沿いという立地から、平日は観光客よりも、トラックなどの物流関係車、ビジネス車が多く、トイレ休憩に、朝・昼・夕食にと常に混雑している。

無線LANが利用できるのもうれしいポイントだ。また上り線と下り線が地下歩道で結ばれているのも特色で、上り線にはレストランと売店が、下り線にはそばやうどんの軽食コーナーがある。さらに上り線の建物2階には展望台があり、「富士山ビューポイント」と書かれた場所に立てば、特大の富士山とご対面！となる。

レストラン「あれこれ屋」のお薦めメニューは、なんといってもご当地グルメ・つけナポリタン。完熟トマトの果肉入りナポリタンソースに鶏ガラスープを合わせたダブルスープは、卵、チーズのトッピングでさらに濃厚に。ぜひ一度お試しを。立ち食い軽食コーナーの「天ぷらそば」400円もかなりお得だ。

富士市五貫島669-1
☎0545・63・2001
営 売店7:30～19:00、レストラン7:00～20:00、軽食コーナー8:00～19:00
休 無休　P 53台（上り）、36台（下り）

立ち寄りスポット

●竹採公園 ☎0545・55・2777（富士市観光課）
竹取物語のかぐや姫伝説が残る歴史公園。竹林や遊歩道があり、のんびり散策にお薦め

●山部赤人歌碑 ☎0545・55・2777（富士市観光課）
田子の浦から見た富士山を詠んだ、万葉集で有名な歌人の歌碑がある

レストラン　喫茶軽食　テイクアウト　土産売店　特産物直売所　無料休憩所　身障者設備
ベビーベッド　AED　展望台　ドッグトイレ　観光情報等　ポスト　FAX
無線LAN

絶景

展望台からは富士の雄姿も

ワンちゃん専用トイレスペースもある

食べる

3大ガッツリグルメがスタンバイ

上り線レストランの人気ナンバー1は、その価格もうれしい「カツ丼」。「桜えび天丼」のかき揚げは野菜で増量などしない桜エビのみという贅沢さ。そしてご当地代表・つけナポリタン。いずれもボリューム満点メニューだ

トラックドライバー御用達「カツ丼」なんと650円

一面に広がるかき揚げがうれしい「桜えび天丼」900円

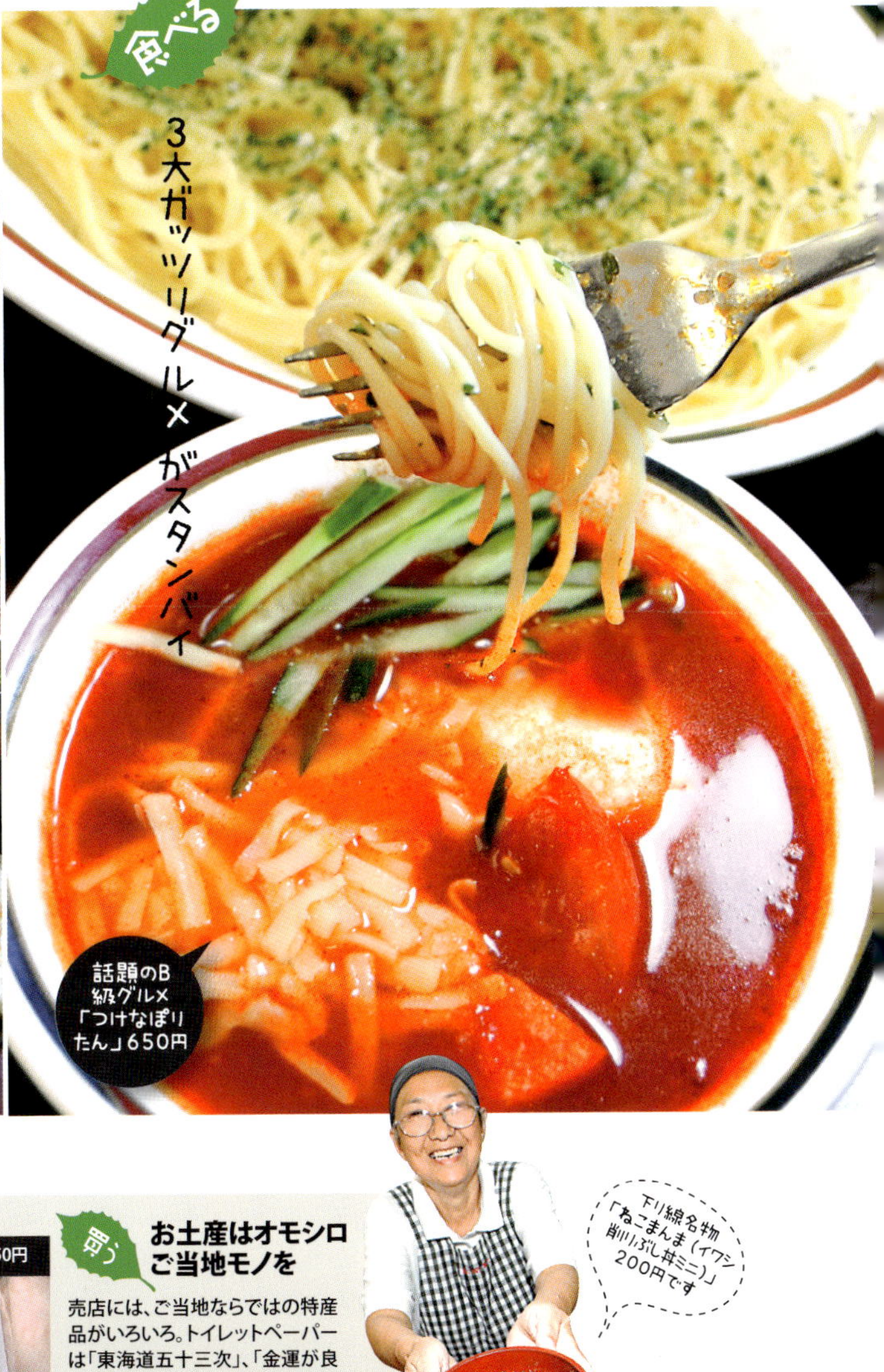

話題のB級グルメ「つけなぽりたん」650円

買う

お土産はオモシロご当地モノを

売店には、ご当地ならではの特産品がいろいろ。トイレットペーパーは「東海道五十三次」、「金運が良くなる」などユニークなものが14種ほど（100円～）。「桜えび・しらすかるせん」315円、「いわし削りぶし」280円も人気だ

「つけナポリタン」ストラップ350円

人気のご当地名物「ゆでなんきん豆」1890円ほか

紙の街富士ならではの「おもしろトイレットペーパー」いろいろ

下り線名物「ねこまんま（イワシ削りぶし丼ミニ）」200円です

「道の駅」富士

「東海道中膝栗毛」の弥次・喜多!?気分で記念撮影！

ココでしか
食べられない

道の駅 丼 大集合

ところ変われば「丼」も変わる。さすが、道の駅！特産物を食材にした実においしそうなアイデア丼が目白押しだ。それもいずれもガッツリ系で、丼を手に抱えワシワシ食べたいものばかり。肉系が多いのも道の駅ならでは!?

姉妹都市・帯広の豚丼を伊豆風にアレンジ
「豚丼」950円

花の三聖苑伊豆松崎(P12)

やわらかな熱川高原ポークに甘口の醤油だれが絡み、ワサビがピリリ。一気にかきこみたくなるおいしさだ。

このぎっしりシラスがうれしいんです
「しらす丼」680円

潮見坂(P60)

海苔の上に遠州灘のシラスがたっぷり敷き詰められて、しあわせ！ショウガポン酢であっさり食べられる。

なんとも豪快! 海満載
「スーパー海賊丼」
2205円

伊東マリンタウン(P4)

イクラ、サザエ、カニ、漬けなど、ご飯が見えないほどのボリューム。漁師メシ的に食らいつこう。地海苔のみそ汁付き。

長野と言えばこれが定番
「ソースかつ丼」850円

信州平谷(P72)

一般的な卵でとじたカツ丼とはまるで違うが、キャベツとソースがかかったトンカツは洋食感覚でご飯との相性も抜群だ。

シラスをたっぷり丼で
「ハッピー駿河丼」580円

富士川楽座(P30)

釜揚げシラスと桜エビがのったまさに「駿河湾」な丼弁当。海苔の風味も合わさって、ハッピー!(まる得市場・駿河屋賀兵衛)

「馬肉」は山梨の味
「うま丼」800円

富士川ふるさと工芸館(P68)

山梨県民の味「馬肉」を多くの人に食べてもらえるよう考案された丼メニュー。やわらかく、こっくりとした味わい。

掛川豚×掛川こしひかり
「焼肉丼」700円

掛川(P46)

豚肉も米も野菜も地元産で、自家製だれで味付けした焼肉とご飯がベストマッチ。さらに豆腐とサラダが付くのもうれしい。

味の決め手は
ヨーグル豚
「肉丼」600円

朝霧高原(P22)

朝霧名物の「ヨーグル豚」と地元産根深ネギ、タマネギを、ちょっと甘めの醤油だれで煮た絶品。お手頃価格がうれしい。

【道の駅】富士川楽座

高速道路ともリンクする来場者全国トップクラスの道の駅

　真近に富士山と富士川という最高のロケーションで、東名高速道路からも、一般道からもアクセス可能という好条件も相まって、年間380万人という全国トップクラスのレジ通過来場者を誇る「富士川楽座」。1階にはコンビニ、2階には遊びと学びのテーマパーク「体験館どんぶら」。3階には和食・洋食・中華など5つのジャンルが集まるフードコート「まる鮮食堂」と、海産物からご当地グルメ、お弁当までそろう「まる得市場」。さらに4階にはパノラマレストラン「駿河路」、プラネタリウム「わいわい劇場」、富士山を望むカフェ…。この施設の充実ぶりを見れば、人気も納得だ。

　そんな「富士川楽座」のお薦めグルメはなんといっても海の幸。食堂やレストランでは「かき揚げ丼」や「まぐろ丼」が大人気で、「まる得市場」では釜揚げシラスや桜エビ、作りたての寿司もファンが多い。テイクアウトコーナー「うまいっ処」では、あの「富士宮やきそば」（P55参照）や、静岡の産物をサンドした「静岡うまいもんサンド」なんていうご当地メニューも。お土産では富士川のかっぱ伝説から生まれた「かっぱまんじゅう」が大ブレーク中だ。

富士市岩淵1488-1
☎0545・81・5555
営まる鮮食堂・まる得市場・駿河路8：00〜21：00、うまいっ処8：00〜18：00、富士山のめぐみ本舗・カフェ富士山のめぐみ9：30〜17：00、ふれあい産品市場9：30〜17：00
休無休（どんぶら・わいわい劇場は火曜）
P406台（東名高速富士川SA含む）

立ち寄りスポット

●実相寺 ☎0545・61・0909
日蓮が鎌倉時代に立正安国論を草稿した古刹。江戸時代に建てられた山門には仁王像が安置されている

●岩本山公園 ☎0545・55・2777（富士市観光課）
丘陵地を利用した自然公園で、梅、桜、ツツジ、カエデなど四季折々の景色を楽しめる

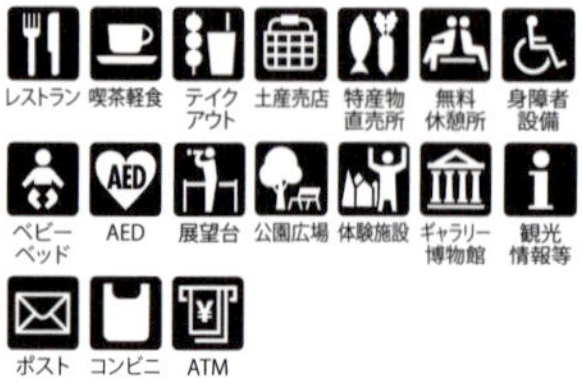

買う

みかん、キウイフルーツなどの特産物が並ぶ

海の幸グルメ、いただきます

パノラマレストラン「駿河路」

食べる

富士山を望むパノラマレストラン「駿河路」のスーパーお薦めメニューは「豪快まぐろ丼」。大トロ、中トロ、赤身、すき身が味わえる贅沢な丼だ。3階の「まる鮮食堂」なら一番人気メニュー「桜えびかき揚げ丼」を

まる鮮食堂

まる鮮食堂内「味一」

左上から「本まぐろ鉢の身」1280円、「駿河味巡り」780円、「本鮪尽くし」990円、「まぐろ醤油づけ」670円（まる得市場・駿河屋賀兵衛）

テイクアウトでお弁当

桜エビソーセージ、黒はんぺん、イチゴなど、地元食材が入った「静岡うまいもんサンド」500円（うまいっ処・さんどいっちくらぶ）

体験

「わいわい劇場」がプラネタリウム!

冬の星座散歩

「わいわい劇場」では星空や宇宙、自然などに関する映像プログラムが放映されている。取材時は冬の星座(上)が映し出され、直径14mのドーム型スクリーンはまさにプラネタリウム!

観覧料/大人600円、子ども300円
営10:00〜16:00

アスレチックコーナー

イベント体験施設「どんぶら」

遊びと学びの体験施設で、数カ月ごとにメニューが替わる。施設内の古民家では紙すきなどの体験もでき(土・日・祝日)、遊具などもある

入場料/大人600円、子ども300円
営10:00〜16:00

買う

「かっぱまんじゅう」から「桜エビ」まで盛りだくさん

お土産を買うならまずは3階の「まる得市場」へ。桜エビ、シラスはもちろん、人気のご当地グルメ「富士山ますの寿し」、干物、人気沸騰中の「ピリ辛漬」、「かっぱまんじゅう」は定番中の定番。4階の「富士山のめぐみ本舗」ではユニークな富士山グッズも販売している

人気の「深蒸し銘茶缶・蘭字デザイン」840円

シイタケ、天然キノコ、干物アジと3種そろう柚子庵の「ピリ辛漬」630円～

富士宮の牧場いでぼくの「生キャラメル」682円

イカの塩辛「吟味生造り」840円、「いわしはんぺん」800円、「金目鯛干物」2枚1050円

富士宮特産ニジマスを使った「富士山ますの寿し」2000円ほか

お土産一番人気の「釜揚げシラス」500円～と、「釜揚げ桜エビ」880円～

缶入りの「富士山の空気」525円、「富士山Tシャツ」1260円ほか

富士山のめぐみ本舗

「かっぱまんじゅう」9個入り630円。北海道産小豆、国産小麦、富士川地区の自然のなかで育った「たまご牧場」の卵を使用

絶景

富士山と一緒に展望ラウンジでひと休み

富士山展望ラウンジ
「カフェ富士山のめぐみ本舗」

市販されているさまざまな「富士山の水」をオーダーできる

【道の駅】宇《う》津《つ》ノ《の》谷《や》峠《とうげ》

名物・とろろ定食をかき込んで、歴史と文学の古道をたどろう

交通の難所として知られ、伊勢物語に「駿河なるうつの山辺のうつつにも夢にも人にあはぬなりけり」と詠まれたのも今は昔。現在はトンネルを通って何の苦もなく通過できるようになった、静岡市最西部の宇津ノ谷峠。道の駅にはトンネルを挟んで3つの施設があり、このような構成は全国でも珍しいようだ。静岡市側は下り線にレストランと売店があり、上り線からは歩道橋を渡って5分ほど。掛川から富士までほとんど高架が続く国1バイパス沿いで、道の駅は掛川、宇津ノ谷峠、富士の3カ所のみ。ここで一服する人も多いのではないだろうか。

そんなドライバーたちの腹を満たしてくれるのが、ボリューム満点の定食類。お薦めは地元名物の「とろろ定食」だ。丸子産の自然薯をみそ汁で伸ばした家庭的な味で、一年中食べられるのがうれしい。収穫時期の10月初旬〜3月初旬には、地元農家から直接仕入れた新鮮な自然薯が売店に並び、価格も手頃とあってファンも多いという。時間に余裕があれば、いにしえの旅人がたどった峠道を歩くのもいい。道の駅の裏から「つたの細道」に入り、旧東海道を経て宇津ノ谷集落に抜ける2時間ほどのコースだ。

静岡市駿河区宇津ノ谷82-2
☎054・256・2545
営売店9:00〜19:00、レストラン11:00〜19:00(18:30LO)　休無休
P30台(下り)、37台(上り)、45台(藤枝市側上り)

立ち寄りスポット

●駿府匠宿 ☎054・256・1521
竹千筋細工、和染、指物、木製はきものなど静岡の伝統工芸品の製作体験ができる

●吐月峰柴屋寺 ☎054・259・3686
1504年に京都の銀閣寺を模して建立された寺院。自然を取り入れた借景園と枯山水の庭園が国の名勝・史跡に指定

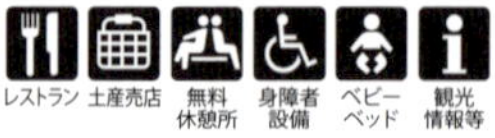

「地域情報館」には畳の休憩スペースも

特大ホッケ干物は
食べごたえアリ

食べる
手頃な価格でも味は本格派！

「とろろ定食」750円、皿からはみ出す「メガホッケ定食」800円。定食はすべてご飯おかわり無料。好みの定食やそばに、とろろ単品200円を追加する手もあり。常時8種類のタネがそろう静岡おでんは1本80円

おでん

大根、こんにゃく
など人気タネが
スタンバイ

遊ぶ

お弁当持って ハイキングにGO

つたの細道に入る時はスニーカーなどの歩きやすい靴で。新緑の季節や紅葉がきれいな秋がベストシーズン。途中のベンチや公園でひと休みしつつ、ゆっくり散策を楽しんで。週末は道の駅で弁当を販売している

2

1

ヤッホー
3

4

1 つたの細道を藤枝市側に下りたところ
2 明治トンネル
3 20分ほどで峠に到着
4 風情ある宇津ノ谷の集落

買う

梅ヶ島のワサビ漬けや安倍川もちが人気

地元野菜販売コーナー

【道の駅】玉露の里

テーマは地産池消。地場の野菜と玉露を味わう道の駅

東海道五十三次の21番目の宿場町、岡部。往時の雰囲気を色濃く残す旧国道1号沿いの「大旅籠 柏屋」を北上していくと、道の駅「玉露の里」にたどり着く。この旧岡部町の朝比奈川沿いは、京都の宇治、福岡の八女と並ぶ、「玉露茶」の日本三大産地だ。新芽が出る春には日光を遮るための「こも」が茶畑にかぶせられ、朝比奈地区ならではの風景が広がる。

「玉露の里」は、地場産品の売店が併設されたレストラン「茶の華亭」と、川を挟んだ向かい側に、四季折々の景色が楽しめる茶室「瓢月亭」があるのが大きな特徴だ。レストランでは、地元の農家が朝採ってきた野菜をたっぷり使ったメニューが中心。予約限定の「野菜ランチバイキング」は、和・洋風の一品料理や、セイロ蒸しの野菜、パリッと揚がった野菜天ぷらなど、充実の品ぞろえだ。

そして、やっぱり立ち寄りたいのは、数寄屋造りの茶室「瓢月亭」。入館料500円で、朝比奈玉露茶と季節の和菓子を味わうことができる。まろやかな玉露の風味と、美しい室内の風情に、きっと非日常のくつろぎを感じられるはずだ。

藤枝市岡部町新舟1214-3
☎054・668・0019
営 物産館9:00～17:00、茶室9:30～17:00（最終入館16:30）、食事処11:00～14:30（土・日・祝日は～15:30）※夜間は10名以上、1人3000円以上で、2時間以内の予約のみ受付　休 第4月曜（祝日営業、翌日休み）、2月の第4火曜 ※4・5・8月の第4月曜を除く　P 95台

立ち寄りスポット

●大旅籠 柏屋 ☎054・667・0018
幕末に建てられた東海道五十三次・岡部宿の大旅籠を修復した歴史資料館

●ふるさと世界の昆虫館 ☎054・668・0340
珍しい昆虫や巨大カブトムシ、クワガタなど世界から収集した1万5000種が展示されている

レストラン　土産売店　特産物直売所　無料休憩所　ベビーベッド　体験施設　観光情報等
FAX

レストラン奥にある「ふるさと世界の昆虫館」

食べる

地元の採れたて新鮮野菜を味わって

「野菜ランチバイキング」（予約限定）は1575円で制限時間は75分。茶室利用とのセットプラン1990円もお得。「彩り膳」は季節替わりのグランドメニュー、こちらも旬たっぷり

「野菜ランチバイキング」1575円の一例

通常メニュー「季節の彩り膳」1260円

買う

秋の蔵出し新茶をお土産に

新鮮野菜も狙い目

体験

甘露な味わい、朝比奈玉露

常駐する静風流の門下生がお茶をたててくれる。45℃という低い温度で淹れる玉露茶。甘み・旨み・苦みと、一煎ごとに変わる味を楽しみたい。茶葉をまるごと味わえる「つゆ茶」は、驚くほどさわやかなおいしさにビックリ

1 四季折々の美しさが映える庭
2 三煎目まで風味の違いを味わって
3 残った茶葉をポン酢で食べる「つゆ茶」

【道の駅】川根温泉ふれあいの泉

天然温泉露天風呂からSLが見える！日本唯一の道の駅

　源泉かけ流しの日帰り温泉施設として人気の「川根温泉ふれあいの泉」が道の駅として登録され、SLが見える露天風呂のある日本唯一の駅が誕生した。湯量豊富な温泉は露天風呂、ひのき風呂、炭風呂、内風呂と種類も豊富で、さらに水着着用のバーデゾーンには、温水プールや打たせ湯、寝湯、ミストサウナなどもあり、まさに温泉三昧。風呂の後は1階の食事処で名物「島田汁」（季節限定メニュー）や「茶そば」といった土地の味を味わうのもいい。

　さらに、これだけでも十分温泉が楽しめるのだが、もっと贅沢に過ごしたいという人には、「ふれあいコテージ」への宿泊をお薦めしたい。プライベート露天風呂と囲炉裏のあるコテージでゆっくりのんびり、家族やグループで一夜を過ごせば、まさにリゾート気分だ。

　残念だけれど温泉に入っている時間がないというドライブ途中の利用には、足湯で休憩し、道の駅の売店でシイタケや自然薯、地元のお母さん手作りのヨモギまんじゅう、カボチャの蒸しパン、大福といったお土産を買い求めるという、お手軽な楽しみ方もある。ほかに、温泉水を煮詰めて作る「塩づくり体験」もお薦めだ。

島田市川根町笹間渡220
☎0547・53・4330
営温泉9:00〜21:00（最終入館20:30）、食事処11:00〜19:30LO、レストラン11:00〜16:30LO、売店10:00〜19:00（土・日・祝日は〜20:00）、道の駅売店9:00〜17:00
休第1火曜（変更あり）　P250台

立ち寄りスポット

●村の市 ☎0547・53・2021
金山寺みそ、落花生煮、ゆずみそ、野菜など川根のお土産が豊富。昼限定の食事コーナーもある

●鵜山森林公園 ☎0547・53・4580（島田市役所川根支所）
「鵜山の七曲り」を望む景観の中にある自然体験ゾーン。森林ウォーキング、アスレチックなどが楽しめる

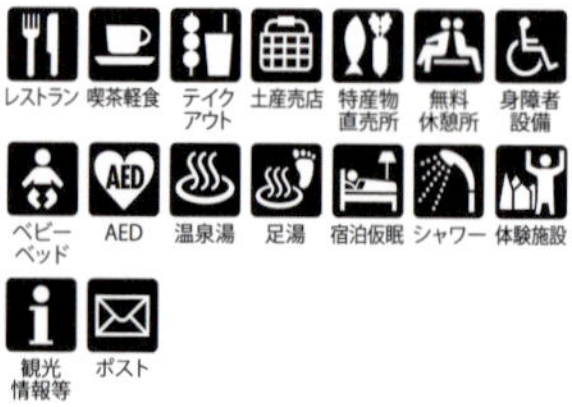

温泉

煙をはくSL。汽笛の音がこだまする…

地下1140mから48℃を超える温泉が毎分864ℓも自噴する川根温泉。その豊富さから源泉かけ流しの湯が楽しめる。浴場入館料／大人500円、小学生300円（プールとの共通券もある）。SLの通過時刻は日によって異なるので事前確認を

2

3

4

1

1 ひのき風呂・炭風呂
2 道の駅売店横の無料足湯
3 温水プール（有料）で水中ウォーキング
4 ポリタンク持参で温泉の持ち帰りが可（有料）

泊まる

囲炉裏を囲み、一夜を過ごす

貸別荘タイプのコテージが10棟あり、畳部屋、ベッド寝室、囲炉裏の間などタイプは棟により異なる。すべての棟に温泉ひのき風呂があるほか、露天風呂付きの棟も。食事は自炊もでき、バーベキューコーナーも隣接。宿泊料は14700円(4人棟)～

プライベート露天風呂

川根温泉ふれあいコテージ

川根温泉で塩づくり!?

塩分を多く含む泉質のため、お湯を煮詰めると、なんと白い塩の結晶が！体験料は1人500円（４人以上で要予約）

温泉、醤油、シイタケ、手作りまんじゅう…。よりどりみどり

温泉の素や、温泉の塩、山の幸、朝採り野菜、おふくろの味など、まさにココでしか買えないものばかり。温泉施設内の売店と、足湯隣の外売店で購入できる

1 「地元産シイタケ」250円くらい～
2 「原木栽培なめこ」210円～
3 「濃縮川根温泉」525円ほか
4 昔ながらの製法で川根で造られている「マルイエ」の醤油270円～
5 「自然薯」1000円くらい～
6 「カボチャ蒸しパン」126円～
7 「金山寺みそ」315円～、「わさびみそ」380円～、「わさび漬」220円～

【道の駅】フォーレなかかわね茶茗舘

日本庭園を望む茶室で、優雅に川根茶を味わおう

数ある道の駅の中でも、茶室のある道の駅というのは、ちょっと珍しい。それも指導を受けて自分で淹れた川根茶を、庭の木々を眺めながらゆったりと味わえるとなれば人気を呼ぶのも当たり前だ。味わえるお茶は川根産の「やぶきた」と「おくひかり」。〈一煎目の甘み、二煎・三煎目の渋み・苦みの味の変化を味わってください〉そんなお茶の楽しみ方が堪能できる、贅沢で優雅な時間がここにはある。春は桜、ツツジ、夏はシャクヤク、アジサイ、秋のモミジ、冬にはサザンカと、四季折々の草木が植えられた日本庭園には水琴窟もあり、その心地いい音色に心が洗われる。

敷地内にはほかに、影絵作家・藤城清治氏が描いた川根本町の四季が展示されている「なかかわねシルエットギャラリー」もあり、しばし幻想的な影絵の世界に浸るのもお薦め。川根本町の歴史や伝統文化の展示室では、国指定重要無形民俗文化財「徳山の盆踊り」の映像を見ることもできる。川根茶はもちろん、地元産のクレソン、シイタケなどの特産品がいろいろ並ぶお土産販売所「緑のたまてばこ」もお見逃しなく。毎月、川根茶手揉み保存会の実演会、中川根語り部の会「話楽座」による「月例語りの会」も開催されている。

榛原郡川根本町水川71-1
☎0547・56・2100
営9:30～16:30
休水曜、祝日の翌日　P41台

立ち寄りスポット

●徳山のしだれ桜 ☎0547・58・7077
（川根本町商工観光課）
川根高校と町営サッカー場の間に約50本が植えられた150mほどの桜並木

●田野口駅 ☎0547・58・7077
（川根本町商工観光課）
昭和30～40年代を思わせるレトロな大井川鉄道の木造駅舎。タイムトリップ気分が味わえる

土産売店　特産物直売所　無料休憩所　身障者設備　ベビーベッド　公園広場　体験施設　ギャラリー博物館　観光情報等

1「徳山の盆踊り」（鹿ん舞・ヒーヤイ）の衣装が展示されている
2 川沿いを走るSLを見ることができる

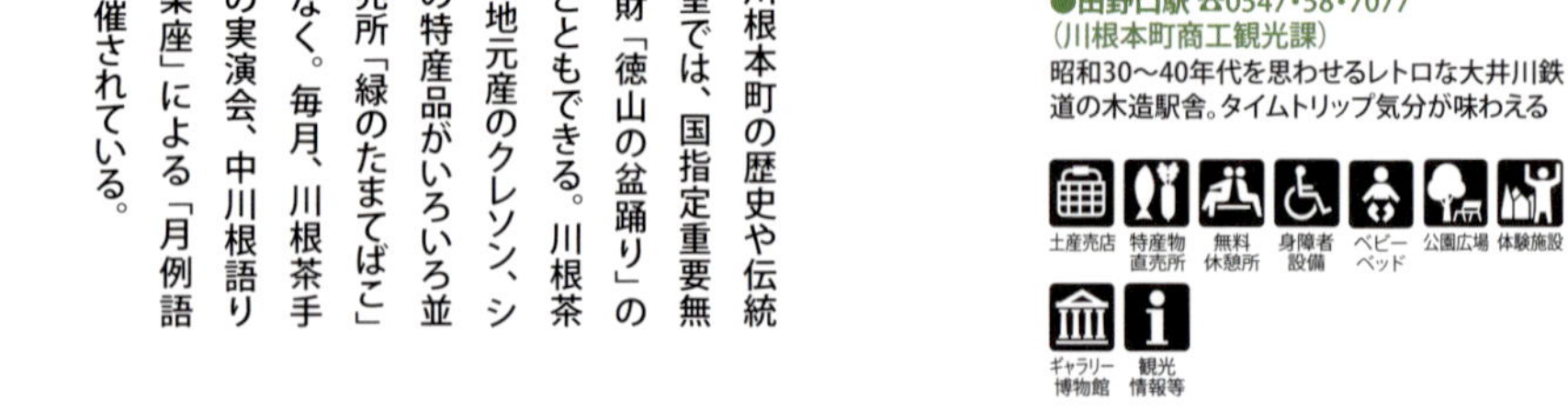

体験

甘み、渋み、苦み。
川根茶の真のおいしさを堪能する

川根本町の無垢材を使った温かみのある茶室で、優雅に川根茶を味わう贅沢。それも自分で淹れたとなれば味も格別。茶羊かんなどの茶菓子が付くのもうれしい。茶がらを干して作った匂い袋を持ちかえることもできる

「銘茶セット」お菓子付き 300円

買う

お土産販売所「緑のたまてばこ」にはクッキー、羊かんなどのお茶スイーツがいろいろ。釜煎り茶やべにふうき紅茶といった珍しいお茶があるのもさすがが、本場。予約で「お茶染め」体験もできる。問い合わせは☎0547・56・2120へ

春と秋限定の「クレソン」を見つけたら、ぜひ

人気の「川根茶マカロン」5個入り650円ほか

竹筒をつくばいの穴にあて、もう一方を耳にあてると…

【道の駅】奥大井音《おと》戯《ぎ》の《の》郷《さと》

道の駅が「音体験ミュージアム」!? 千頭の里で「音」と遊ぶ

　川根筋にはユニークな道の駅が多い。ここ「音戯の郷」もそのひとつで、道の駅にしてミュージアム。それも「音」と遊ぶことをテーマとした体験ミュージアムで、子どもから大人まで楽しめる多様なメニューがそろっている。聴診器を使って、野鳥のさえずりや、風の音を聞いたり、雷の音やハチの音を体感したり、オーケストラのパート演奏を聴き分けたり。さらに木像や木琴などを叩いて遊んだり、ヘッドフォンとボディーソニックから伝わるスリルある立体サウンドドラマを楽しんだり…。まさに、ここでしか体験できない音の世界を思う存分楽しむことができる。また館内にはオリジナルオルゴールもあり、建物全体がこのオルゴールの箱として設計されているのだとか。しばしその音色に耳を傾けよう。工房では森のチャイムや木の実笛、ひょうたんオカリナなどの音具づくり体験もできるので、手作り土産にしてもいいかも。

　音戯の郷ゲートの入り口にある売店「谺の会」（こだまのかい）には、川根茶をはじめシイタケ、手作りこんにゃく、猪鹿肉まん、民芸品など土地の特産、名物が並んでいるので、こちらにも立ち寄ってみて。

榛原郡川根本町千頭1217-2
☎0547・58・2021
営 音戯の郷10:00～16:30（最終入館16:00）、谺の会9:00～16:30
休 火曜（祝日営業、翌日休み）　P 91台

立ち寄りスポット

●智者の丘公園 ☎0547・58・7077
（川根本町商工観光課）
千頭の町を見下ろす智者山中腹の小高い丘にある公園。見晴らしはもちろん、ネイチャーゲームの仕掛けなどもある

●小長井の吊橋 ☎0547・58・7077
（川根本町商工観光課）
別名「ちっちゃな吊橋」。智者の丘公園の麓にあるかわいい赤い吊橋

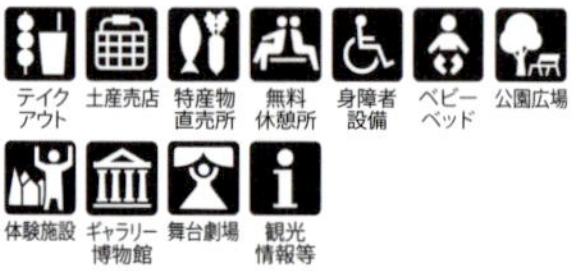

絶景
1 大井川鉄道千頭駅のすぐ隣にある
2 音戯の郷から見る山の景色

体験 聴診器を耳に「音」遊び。音探しの旅へ…

入り口で入館料と引き換えに渡される聴診器を使えば、耳の感度は一気にパワ　アップ。大人もついつい夢中になってしまう音の世界が待っている。入館料／大人（高校生以上）500円、小中学生300円、幼児無料

叩くといい音がするよ

1 大声を出すと音と映像が現れる
2 音具づくりが楽しめる音戯工房

2

1

鳥の声が聞こえるよ

買う ここでしか買えないをお土産に

音戯の郷内の売店には音にまつわるグッズがいろいろ。地元特産物がそろう売店「谺の会」の人気名物ベスト3はお茶羊かん、こんにゃく、猪鹿肉まんだ。谺の会 ☎090・4182・6773

3

5

4

3「ダイダラボッチ人形」300円
4「手作りこんにゃく」294円、「むかご」300円
5 名物「お茶羊羹」（5個入り）525円～
6「木の葉皿」378円～

「猪鹿肉まん」250円

その名の通りの猪鹿肉入り。皮には川根茶が練り込まれている

6

【道の駅】掛川

400軒を超える農家の「畑直送野菜」が大人気

開店時間を前に駐車場にはたくさんの車。実はこれ、採れたて野菜を運んでくる農家の人たちの車なのだ。ここ、道の駅「掛川」は、種類豊富な、新鮮この上ない野菜が買えるスポットとして評判で、静岡、浜松からも常連客がやってくるほど。それもそのはず、野菜を運んでくるのは掛川市を中心とした400軒を超える農家で、朝に限らず、収穫でき次第随時、野菜が運ばれてくる。つまり、「畑直送野菜」が常にそろっているのだ。さらに駅内で食堂を開いている地元のお母さんたちのグループ「茶々はちまん」の「おはたき餅」や惣菜、菓子も人気。農産物直売所は一日中にぎわっている。

さて、買い物バトルの後はエネルギー補給！駅内にはレストランと、2つの食堂がある。「仙の坊」は「とろろ丼」や「とろろそば」が手軽に味わえ、「茶々はちまん」はおふくろの味的定食や掛川豚の「焼肉丼」（P29参照）などが人気。「レストランCoko」はカフェテリア式で、煮物から焼き魚、天ぷら、ハンバーグまで好みでチョイス。ご飯は掛川こしひかりの釜炊きだ。ほかにソーセージやパンが人気の「時之栖 手づくり工房」、お茶の専門店「お茶処 東山」、24時間営業のコンビニもある。

掛川市八坂882-1
☎0537・27・2600
営 農産物直売所・茶々はちまん・仙の坊・お茶処東山9:00〜17:00、時之栖手づくり工房9:00〜19:00、レストランCoko8:00〜20:00、ファミリーマート24時間
休 第2月曜（変更あり） P 259台

立ち寄りスポット

●事任（ことのまま）八幡宮 ☎0537・21・1149（掛川市商工労働観光課）
近年パワースポットとしても人気を呼んでいて、思いのままに願いごとが叶う神社として知られている

●日坂宿 川坂屋 ☎0537・21・1149（掛川市商工労働観光課）
東海道五十三次の宿場町、日坂。川坂屋は旅籠で、東海道の面影を残す数少ない建物のひとつ

レストラン　喫茶軽食　テイクアウト　土産売店　特産物直売所　無料休憩所　身障者設備
観光情報等　コンビニ　ATM

買う

野菜から加工品、鉢花まで、なんと200品を超す品ぞろえ！

農産物直売所の品数の豊富さは、半端じゃない。新鮮野菜はもちろん、クラウンメロン、イチゴ、掛川名物「子育飴」に、サトウキビから作った掛川産地砂糖「よこすかしろ」、地元で人気のパン屋さんのメロンパンや、掛川豚に手作りこんにゃく…。あっという間に買い物かごはいっぱいだ

3

2

1

7

6

5

4

11

10

9

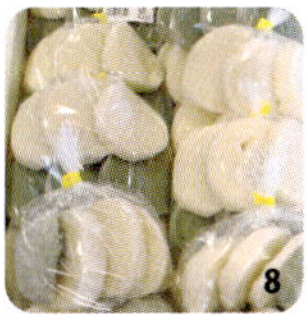
8

14

13

12

1 「クラウンメロン」2000円くらい～
2 「イチゴ」500円くらい～
3 「エビイモ」150円くらい～
4 「自然薯」1400円くらい～
5 「大根」80円くらい～
6 「トマト」150円くらい～
7 「子育飴」630円
8 「おはたき餅」1袋350円
9 「掛川豚切り落とし」280円くらい～
10 「よこすかしろ」840円
11 「元気自然卵」180円
12 「メロンパン」150円ほか
13 「鉢花」500円くらい～
14 「手作りこんにゃく」200円

一番人気の「石窯くるみあんぱん」150円

買う

ソーセージ・ピザが人気「時之栖 手づくり工房」

買う

新品種銘茶がいろいろ「お茶処 東山」

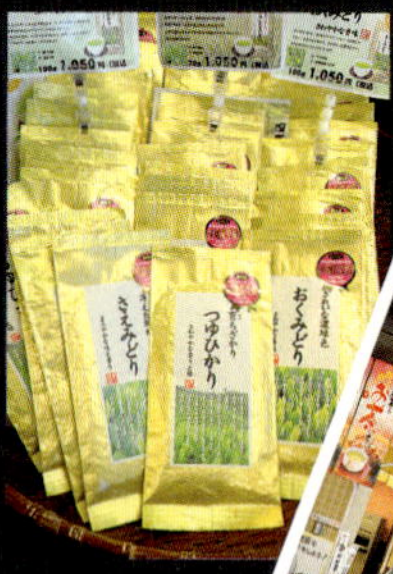

「つゆひかり」、「おくみどり」、「さえみどり」といった新品種がそろっている

人気の「自家製揚げだし豆腐」150円

食べる

カフェテリア式レストランで「マイ定食」

「レストランCoko」では、まずはご飯のサイズを伝えて、炊きたてをよそってもらおう。あとは肉じゃが、野菜の天ぷら、厚揚げなど、好きなものをトレーにのせて最後に精算。ご飯小は100円、惣菜は100円くらいからある

肉じゃが、ナス揚げだし、天ぷら、豚汁、ご飯（中）で750円

只今釜炊き中！

炊きたてを、どうぞ召し上がれ

食べる

地元食材のおふくろの味

「茶々はちまん」の人気メニュー「茶々定食」はそばかうどんか選べて、自家製みそだれのおでん、地元の人気店の豆腐が付く。地元野菜盛りだくさんの「野菜炒め定食」、自家製チャーシューのアッサリ「チャーシューメン」もお薦め

食べる

元気モリモリとろろ汁

「仙の坊」のとろろはカツオ醤油だしを使っているのが特色で、そばはコシのある二八。「とろろ丼」にするか、「とろろそば」にするか悩むところだが…。そんな時は、「とろろ丼」小（300円）もあるのでご安心を。「むかごパン」はテイクアウトもできる

「むかごパン」300円

【道の駅】いっぷく処横川

天竜茶で一服し、囲炉裏で焼く原木シイタケのおいしさに開眼！

昔懐かしい田舎の民家を模した道の駅は、赤い屋根が目印。お土産売場では、10月後半〜3月初旬の原木シイタケが最もおいしい時期のみ、囲炉裏で自らシイタケを焼いて味わうことができる（平日限定）。塩を一つまみかけて食べてみると、シイタケそのもののおいしさがジュワッと広がり、なんともジューシー！ また「マイしいたけ友の会」と称して、毎秋10組限定で栽培体験者を募集している（1組3人まで）。山に入り原木の伐採から体験できるのは国内でも希少。山の中で食べる採れたてのシイタケの味は格別だろう。囲炉裏スペースでは天竜茶が自由に飲め、まさに「いっぷく処」として立ち寄る人を和ませている。そして、食事処の看板メニューはなんと「まぐろ寿司」。天竜に能面制作のアトリエを持つ、焼津のマグロ卸業者・足立智裕さんとの出会いから生まれたメニューだ。上質なミナミマグロはしっかり味がのり、焼津から足を運ぶファンもいるとか。

4月には二俣川を挟み、シイタケ料理やそば打ち体験ができる工房「にょきにょき」がオープン。「しいたけコロッケ」や「椎茸煮（生姜入り）」など新メニューも加わり、ますます魅力が増しそうだ。

浜松市天竜区横川3085
☎053・924・0129
営 売店8:30〜17:00（7・8月は〜18:00）、レストラン9:30〜16:30　休 火曜、レストランは火・水曜　P 42台

立ち寄りスポット

●秋葉山本宮秋葉神社（下社）
☎053・985・0005
秋葉神社の総本宮。秋葉山の南東麓に建ち、山頂の上社までの遊歩道もある。御祭神は火之迦具土大神（ひのかぐつちのおおかみ）

●秋野不矩美術館 ☎053・922・0315
天竜区二俣町出身の日本画家・秋野不矩の作品を展示する美術館。天竜杉や漆喰壁など自然素材による建物も見応えがある

レストラン　テイクアウト　土産売店　特産物直売所　無料休憩所　身障者設備　体験施設　観光情報等

1 外のテーブルやイスには天竜杉を使用
2 日本三大美林の一つ、天竜美林

足立智裕氏作の能面が展示、販売されている

囲炉裏を囲んでまずは天竜茶でほっとひと息。目の前の原木シイタケに焼き目がついて、香ばしい香りが広がる。さらに食べ応えのある大トロのマグロ寿司と、浜北産の石焼き芋（冬のみ）ときたら、もう文句なしの、ごちそうだ

食べる 炭火で炙った肉厚シイタケは文句なしの絶品だ

「原木椎茸」は一皿（3枚）300円～

食べ頃の秋にぜひお越しください

ホックホクの冬季限定の「石焼きイモ」100g100円

大トロと赤身のセットは1500円～

買う 手作りの素朴なおやつ発見！

蒸しパンはおからと甘辛く煮たシイタケ入りで、ちょっとお惣菜感覚。佐久間のそば粉、水窪のクルミ、国産小麦で作った「天竜区っきー」、お茶、シイタケ、ユズと天竜の特産を使った「手作りクッキー」なんてものも

「手作りクッキー」各50グラム200円

「蒸しパン」各120円

「天竜区っきー」7枚入り480円

【道の駅】天《てん》竜《りゅう》相《そう》津《づ》花《はな》桃《もも》の《の》里《さと》

お母さんのアイデア料理と四季折々のイベントが魅力！

天竜美林に囲まれた緑深い国道152号を、左手に船明ダムを望みながら北上すると、ダム湖に架けられた大きな橋が目前に迫ってくる。この、旧国鉄佐久間線の橋脚を利用して作られた「夢のかけ橋」のたもとにあるのが「花桃の里」だ。名前どおり3月中旬ともなるとハナモモが、4月にはソメイヨシノ、コヒガン桜が咲き誇る。

店の中は、とにかく地元のお母さんたちのアイデア満載。なかでも「花桃カレー」は、野菜や果物、豚肉を長時間煮込んだそのまろやかなおいしさに人気殺到。重さを感じない、老若男女に親しまれる味だ。毎朝ふかしたての「小麦まんじゅう」は、平日でも100個以上売れる人気ぶり。また、「平日ランチ」550円や地元食材を使った予約制の「花桃御膳」（約一週間前に要予約）を目当てに訪れる人も少なくない。毎年1月3日には自家製みそを使った猪汁が振る舞われ、2月第1日曜にはそれに加えて餅つき体験を開催。夏には隣接する「相津マリーナ」でカヌーや屋形船が楽しめ、秋には「夢のかけ橋」を使ったミニSLの乗車会も開催され人気を呼んでいる。四季折々のイベントに合わせて足を運んでみてはいかが。

浜松市天竜区大川31-10
☎053・923・2339
営 売店9：00～17：00、レストラン10：30～15：00　休 火曜　P 50台

立ち寄りスポット

●秋葉山本宮秋葉神社（上社）
☎053・985・0111
全国の秋葉神社の総本宮として秋葉山の山頂に建つ。御祭神を火之迦具土大神（ひのかぐつちのおおかみ）とし、12月の火まつりが有名

●天竜相津マリーナ ☎053・923・0433
カヌー体験（12～2月は土・日・祝日のみ、ほかは毎日営業）や屋形船が楽しめ、夏季はアユのつかみ捕りやバーベキューも可能

レストラン　テイクアウト　土産売店　特産物直売所　無料休憩所　身障者設備　マリーナ　観光情報等

絶景　船明ダム湖に架かる夢のかけ橋

遊ぶ

船から山の景色を楽しもう

道の駅に「海の駅」が隣接しているのは珍しい。「はままつ・ふなぎら湖 海の駅」≒相津マリーナではカヌーや屋形船が楽しめる。カヌー体験は1隻1050円、屋形船は要予約制で、1隻3万1500円で貸切もできるが、価格交渉は可能だ。毎年秋口に開催される「夢のかけ橋」を利用したミニSL乗車会はちびっ子に大人気だ

1 屋形船で紅葉狩り
2 隣接の相津マリーナでカヌー休験
3 恒例のミニSL乗車会

4

5

3

2

絶景

この季節にしか出会えない景色に感動

春のハナモモ、ソメイヨシノに始まり、新緑、紅葉…。大自然が織りなす風景が楽しめるのも、ここならでは

6

4 ハナモモの季節（3月中旬）
5 ソメイヨシノの季節（4月上旬）
6 紅葉の季節（11月中旬）

食べる

お母さんの味がやみつきに…

「花桃カレー」はコクがあるのに、さらりとした食べ心地。地元で採れた山菜、野菜、アユなど季節の味が楽しめる「花桃御膳」は予約制なので注意を。「小麦まんじゅう」はお土産にもいい

ココでしか
食べられない

道の駅 麺大集合

お手軽、ツルルといきたいそば・うどん。レストラン、軽食コーナーなど、道の駅にも麺類をメニューに置いているところがとにかく多い。またご当地グルメ的麺も人気で、あの「富士宮やきそば」や「つけナポリタン」なんてものも…

ご当地名物「吉田のうどん」
「わかめうどん」380円

富士吉田(P62)

コシのある太麺に、つゆは醤油とみその合わせ技。キャベツもたっぷりのる。激辛薬味をかけてどうぞ。

季節の野菜と山菜が魅力「山菜そば」580円

天竜相津 花桃の里(P52)

ちょっと太めの田舎風そばに、地元の山菜がのった素朴な味わいが人気の一杯。温かさが沁みてくる…。

マイタケの
香りにウットリ
「おろしそば」850円

くんま水車の里(P56)

お母さん手作りのそばは黒くて太くて田舎風。地元産のマイタケの天ぷらはその香りも高く、まさに山里の味。おろし大根といっしょに召し上がれ。

真っ黒麺の正体は…
「炭ラーメン」600円

川根温泉ふれあいの泉（P38）

麺に炭が練り込んであるという驚きの一杯。そのビジュアルに少々戸惑いつつも、意外や意外、アッサリ！サッパリ！ツルツル！

食感の良さで大評判
「かき揚げうどん」620円

伊豆のへそ「大仁まごころ市場」（P16）

市場内の「まごころ食堂」の大人気商品。由比産の桜エビと野菜たっぷりのかき揚げは、素材それぞれの食感が楽しい。コシが強い自家製うどんとの相性も抜群。

蒸し麺と肉かす、
ソースが決め手
「富士宮やきそば」
450円

富士川楽座（P30）

ご存知！富士宮のB級ご当地グルメ「富士宮やきそば」。かみ応えのある麺にからむ、ちょっと甘めのソースがクセになる（うまいっ処・どんぐり）。

あらら、クセがない！
「猪ラーメン」1050円

天城越え（P14）

猪チャーシューが主役の、まさにここでしか食べられない一杯。チャーシューは2晩かけてじっくり煮込んでいる。

桜エビが香るご当地グルメ
「海鮮つけナポリタン」950円

富士川楽座（P30）

富士市のB級ご当地グルメ「つけナポリタン」の海鮮版。スープにはエビ、ホタテ、イカが入っていて、麺には桜エビが（まる鮮食堂・洋食屋さん）。

【道の駅】くんま水車の里

川遊び、そば打ち、裏山散策。一日遊べる里山の道の駅

天竜美林に囲まれた天竜区の北端、愛知・長野との県境に近い山の道の駅にも関わらず、年間7万3000人もの人が訪れるという超人気の道の駅「くんま水車の里」。ドライブがてらはもちろん、ツーリングやハイキングを楽しむ人たちにも人気を呼んでいる。その雄大な自然と、水車が回り川が流れる素朴な里山の風景、さらにそこで出会える地元のおばちゃんたちの笑顔に会いに行くというリピーターも少なくない。そしてなにより評判を呼んでいるのが、かあさんたちが作る「手打ちそば」。地元で採れたマイタケの天ぷらがのった「天ぷらそば」は大ヒットメニューだ。

　施設内には食事処「かあさんの店」のほかに、地元の特産品がズラリと並ぶ物産館「ぷらっと」、そば打ち、みそ、こんにゃく、五平餅作りが体験できる手作り工房「水車の里」がある。裏山の「あざまる公園」を散策したり、アスレチック遊具で遊んだり、夏は川遊びもお薦め。もちろん、のんびりと心地いい風を感じながら山の風景に酔いしれるのもいい。お土産にはマイタケ、シイタケ、かあさんの手作りみそや漬物を。

浜松市天竜区熊1976-1
☎053・929・0636
営9：00〜16：30（10〜3月は〜16：00）
休木曜　P53台

立ち寄りスポット

●くんまホタルの里 ☎053・929・0636（水車の里）
阿多古川沿いにあるホタルの里。6月になるとゲンジボタルが飛び交う幻想的なシーンを見ることができる

●大栗安の棚田 ☎053・922・0030（北部農業事務所）
日本の棚田百選にも選ばれた、美しい棚田。山々とともに広がるその景観が魅力

絶景オープンエアの休憩所で、ウトウト

絶景

深い緑と清流の中、とびっきりの山時間を楽しもう

のどかに水車の回る風景をぼんやり眺めるのもいい

川の水が
冷たくって、
気持ちイイ〜

遊ぶ

沢ガニ発見！夏のお楽しみ、川遊び

アスレチック遊具でひと遊び

体験

師匠はかあさん。初めてのそば打ち

そば打ち体験は300ｇ1500円〜。プラス600円で打ちたてを食べることもできる

地元のかあさんの指導でそば打ち体験が楽しめる。体験可能時間／9:30〜15:00。ほかにこんにゃくづくり（10〜4月・要予約）、五平餅づくり（通年・要予約）の体験メニューもある

買う

天竜の恵みをお土産に

物産館「ぷらっと」にはマイタケ、シイタケ、お茶などの特産物がいろいろ。春はタケノコ、フキ、ワラビなどの山菜、9月下旬からは手作りこんにゃく、秋からはヤマイモなども並ぶ。手作りの木工品も人気が高い

「くまさんストラップ」500円

「天竜すぎのはし」200円

天竜杉を使ったはしのセット「森と人のかけ箸」380〜450円

マイタケと野菜の天ぷらの「天ざるそば」1050円

一番人気の「天ぷらそば」800円

食べる

名物!かあさん手作りの「天ぷらそば」

黒くて太い、田舎そばを思わせる素朴な味が人気。地元産のマイタケの天ぷらの香りがさらに食欲をそそる。マイタケの味付けご飯に天ぷら、そばがセットになった「お父さん定食」1200円も人気

【道の駅】潮見坂

太平洋を望む絶景ポイントは、地元人ご用達のエコ野菜の宝庫

静岡県からいよいよ愛知県に差し掛かる手前、浜名バイパスを車で走っていると、右手に弁天島の大鳥居、左手には雄大な太平洋が広がるという、絶景のポイントが現れる。思わずスピードを緩めると右手の高台に見えてくるのが、潮見坂の道の駅だ。ここ湖西市白須賀は、東海道五十三次の32番目の宿場として栄えた町。安藤広重の浮世絵にも「汐見坂」が描かれている。

一番の魅力は、地元農家による種類豊富な野菜の数々。鮮度にこだわり、特に葉野菜は一日売り切りを徹底している。また、「エコファーマー」コーナーでは、土作り、化学肥料低減、化学合成農薬低減という方針を掲げ、県知事の認定を受けた農業者による野菜を販売。地元主婦の利用が多いことからも信頼の高さがうかがえる。さらに見逃せないのは、この場所ならではのとっておき。舞阪港で水揚げされたシラスを使った「しらす丼」（P28参照）や「あさり汁」、外売店で販売する「浜名湖焼き」も潮の香りが堪能できる。太平洋を目前にしながらの足湯で一息つけば、身も心もリフレッシュすること間違いなし！

湖西市白須賀1896-2
☎053・573・1155
営 売店8:00～19:00、レストラン8:00～19:00(18:30LO)、直売所8:00～19:00
休 無休　P 171台

立ち寄りスポット

●白須賀宿 ☎053・576・1140（湖西市社会教育課）
東海道五十三次の32番目、静岡県で最西端の宿場。白須賀宿歴史拠点施設「おんやど白須賀」では歴史と文化に触れられる

●豊田佐吉記念館 ☎053・576・0064
トヨタグループの創業者・豊田佐吉生誕120年を記念して1988年、佐吉生誕の地に生家や文献、織機など発明品を展示

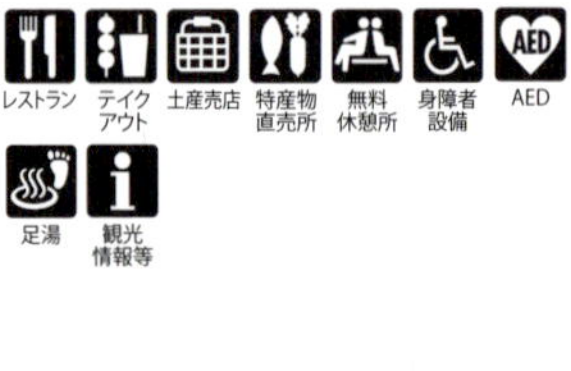

徒歩5分くらいの場所にある朝日駐車場で飼育しているダチョウ

食べちゃおう 浜名湖をお腹いっぱい

食べる

外売店の名物「浜名湖焼き」はもっちりとした生地に地元産キャベツとネギ、舞阪のシラスをたっぷりのせたおやつ感覚のお好み焼き。丼ものなら「しらす丼」と「うな丼」が人気のツートップ。かといって「あさり汁」、「魚の煮付け」も外せないし…

ボリューム満点「うな丼」980円

「浜名湖焼き」350円

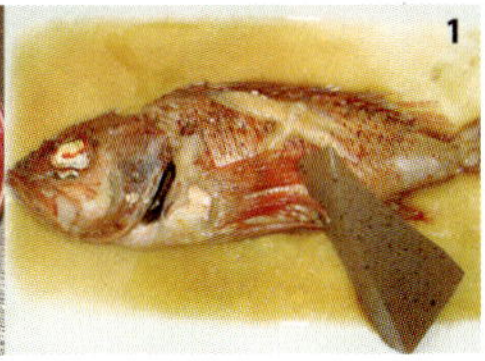

1 どーんと「金目の煮付け」280円は丸々1尾
2 プリプリ「あさり汁」小150円〜
3 「さばの煮付け」240円はおふくろの味

買う

ここに来たなら野菜ははずせない

野菜は直接農家から仕入れるためすべて食べ頃。湖西市の「エコファーマー」認定者は当初11人だったが現在は20人に上るとか。フルーツトマト農家「浜名ファーム」の「トマトジュース」は甘みが強く濃厚な味わいだ

この気持ちよさ、クセになりそう〜

温泉

絶景と足湯でのんびりゆったり

海の絶景を望む格好の場所になんと「足湯」。太陽光発電による足湯なのだそう。ドライブの疲れもとれるに違いない

静岡県認定
エコファーマー
岡田 文弘

赤土育ちの大根とキャベツはうま味たっぷりです

4 糖度10.5度の「トマトジュース」330円
5 このシールが「エコファーマー」の証

山梨県

県外近隣 +6

【道の駅】富士吉田

吉田のうどんに富士山レーダー、スケート、ビールと盛りだくさん

道の駅には食べて、遊んで、体験のできる複合型レジャー施設が多いが、ここ「富士吉田」はまさにその代表格だ。物産館、軽食コーナー、総合案内所、富士山の名水給水所という道の駅本来の施設に加え、富士山頂で35年間活躍したレーダーを復元した「富士山レーダードーム館」、冬季はスケートリンクとしてにぎわう多目的施設「富士山アリーナ」、富士山の水を使ってビールを醸造しているレストラン「ふじやまビール」と、遊びスポット満載だ。

さて、ここでぜひ味わいたいのが人気のご当地グルメ「吉田のうどん」だ。富士山の湧水を使って打つコシのあるちょっと太めの麺が特色で、つゆはみそ・醤油、具としてキャベツや馬肉がのる、古くから伝わる郷土食なのだそう。なんとも素朴で温かい一杯だ。物産館では生麺、半生麺も販売しているので、お土産にしてもいい。さらにちょっと意外なところで、バナジウム豊富な「富士山の名水」はどうだろう。給水所が数カ所あり、容器を持っていけば自由に汲んで持ち帰ることができる。

山梨県富士吉田市新屋1936-6
☎0555・21・1225（案内所）、0555・21・1000（ふじよしだ観光振興サービス）
営 案内所・休憩所・物産館9：00～19：00、軽食コーナー10：00～17：00　休 無休
P 124台

立ち寄りスポット

●北口本宮富士山浅間神社 ☎0555・22・0221
吉田口登山道の起点で、首都圏からの参拝者も多い。「吉田の火祭り」に担ぎ出される赤富士型の神輿も拝観できる

●新倉山浅間公園 ☎0555・21・1000（ふじよしだ観光振興サービス）
新倉山中腹にある、富士山を正面に市内を一望できる眺望のよい公園。春には花見客でにぎわう

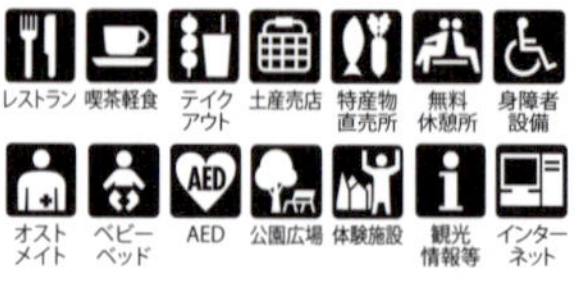

富士山の名水

遊ぶ

冬季限定室内スケートリンク

多目的施設「富士山アリーナ」が冬季限定（11月中旬～4月初旬）でスケートリンクになる。貸し靴もあるので、手袋等の装備だけでOKだ。☎0555・30・1122　営10：00～17：00（土曜は12：30～）　休第2水曜　使用料／一般800円、高校生600円、小中学生400円、小学生未満無料

食べる

もっちり太麺、桜肉・キャベツのトッピング

「肉うどん」400円

軽食コーナーで名物「吉田のうどん」をぜひ。お薦めは、もっちり太麺で、つゆは醤油とみそのミックス。ゆでキャベツがたっぷりのって、さらに桜肉（馬肉）のしぐれ煮がのった「肉うどん」。ゴマ、唐辛子、砂糖入りの激辛薬味をかけて召し上がれ

1階には小説家で気象学者の新田次郎の展示コーナーもある

顔が凍りそう！
これで5月の
気候って、真冬は
どうなっちゃうの？

体験

気温－5℃、風速13m

富士山の頂上で台風観測をしていたレーダードームが「富士山レーダードーム館」として復元。1階にはシアター、2階には富士山の頂上の気候が体験できるコーナーも。☎0555・20・0223　営9：30～17：30（最終入館17：00）　休火曜（祝日営業、翌日休み）　入館料／一般600円、小中高生400円、小学生未満無料

「山賊のスペアリブ」2200円、「完熟トマトとモッツァレラチーズのサラダマリネ」930円

ドライバーさん、ごめんなさい

レストランで地ビール。これも「富士吉田」のお楽しみの一つ。富士山の水で造るビールはすっきりタイプの「ピルス」、フルーティーな「ヴァイツェン」、コクと香ばしさの「デュンケル」の3種（グラス470円～）　☎0555・24・4800　営11：00～21：00LO（冬季は14：30～17：30休）　休無休

買う

1 「吉田のうどんカップ」200円
2 「吉田のうどん」390円～
3 「水掛菜」、「クレソン」、「セリ」といった地元産野菜も並ぶ
4 「ふじやま織」をお土産にしても

1

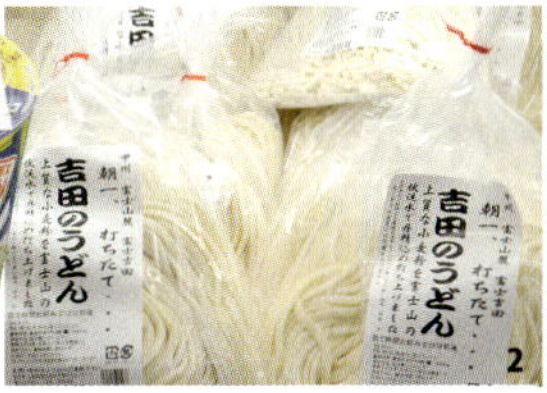

2

3

4

山梨県

県外近隣 +6

【道の駅】なるさわ

高原野菜を求める人・ひと・ヒト。買わなきゃ損する!? 朝採りキャベツ

目の前に特大の富士山を望む道の駅「なるさわ」。休憩室のソファに座って見る、窓一面に広がる富士山はまさに圧巻だが、富士山が見えない日でも、平日でも、それも朝から大勢の人でにぎわうのは、ここの物産館だ。客の目当てはズバリ、鳴沢産朝採り高原野菜。トウモロコシ、トマト、ズッキーニ、鳴沢菜、ツルムラサキ、キュウリ、ナス、青唐辛子…。夏はまさに高原野菜のベストシーズン。なかでも一番人気を誇っているのは「キャベツ」だ。鳴沢村は山梨県屈指の高原野菜の夏秋キャベツ（7～10月）の産地で、甘みが強く、やわらかいのが特色だ。そして驚くことに直径20㎝を優に超える特大サイズがなんと1玉105円（取材時）。次から次へと売れていくその様子を見れば、その人気ぶりは一目瞭然だ。

敷地内には「富士桜ソフト」（P75参照）が人気の軽食コーナー、観光インフォメーションコーナーもあり、さらには富士山の自然や歴史を学ぶことのできる「なるさわ富士山博物館」（無料）も併設している。

山梨県南都留郡鳴沢村字ジラゴンノ8532-63
☎0555・85・3900
営軽食コーナー9：30～17：30（時期により変動あり）、物産館9：00～18：00（時期により変動あり） 休無休 P282台

立ち寄りスポット

●富士眺望の湯ゆらり ☎0555・85・3126
富士山を眺めてのんびりできる温泉施設。霊峰露天風呂、霊峰湧水風呂など16種類の風呂がある（「道の駅なるさわ」信号入る）

●鳴沢氷穴 ☎0555・85・2301
富士山麓の代表的な溶岩洞窟のひとつ。内部の気温は平均3度。一年中氷柱がある

喫茶軽食　テイクアウト　土産売店　特産物直売所　無料休憩所　身障者設備　ベビーベッド
AED　展望台　ギャラリー博物館　観光情報等　ポスト

見る

富士山博物館で恐竜発見!
首から下がマグマにのみ込まれた恐竜ティラノサウルスの頭が…
営9:00～18:00（時期により変動あり）

1「トマト」は1袋525円くらい
2 あっという間に売り切れとなった「生ブルーベリー」400円
3「紅葉ソーセージ」680円〜
4 生食もOKの「トウモロコシ」5本750円〜
5「かいサマー」350円
6「きゃべつわいん」1365円

買う 迷わず！キャベツ、トウモロコシ、トマトから

6

珍しいところでは甘酸っぱさが人気の夏イチゴ「かいサマー」や、富士山紅葉ソーセージ(鹿肉)なんてものも…

食べる そばにもキャベツ!?

キャベツの産地だけあって、人気の「焼肉定食」にも新鮮キャベツ。さらに驚くことにそばにもキャベツが…（なくなり次第そばはキャベツなしとなる）

「焼肉定食」800円。ご飯、漬物、みそ汁付き

「天ぷらそば」400円

絶景 窓一面に特大富士山！

富士山の地下水で喉をうるおそう

道の駅の敷地内に富士山の地下水が飲める場所がある。バナジウム豊富で観光客に大人気

山梨県

県外近隣+6

【道の駅】しもべ

そば、みそ、きゃら蕗、小梅…。素朴な山の味に会いに行こう

武田信玄の隠れ湯として有名な下部温泉峡に近く、秋には色鮮やかな紅葉に包まれる下部の里。ここ道の駅「しもべ」は農村文化公園となっていて、築120年の茅葺きの移築民家や、ホタルの一生と光の秘密など、その生態を楽しく学べる「ホタルドーム」、二八そばが味わえるそば処「木喰庵」も併設されている。新緑の頃もいいが、やはりお薦めは秋。紅葉狩り気分で訪れたい道の駅だ。

ここの一番人気は、なんと言っても下部ならではの特産品の数々。特に秋は「甲斐路」、「ピオーネ」、「甲州」といったブドウをはじめ、干柿に適した「百目柿」、シイタケ、ナメコ、白菜、大根などの旬の野菜がズラリと並ぶ。また道の駅の加工所で作られている「下部味噌」、「きゃら蕗」、「小梅」、「味噌ようかん」、「味噌大豆」、「味噌アイス」、「みそ飴」は、ここでしか買えない定番の人気お土産。お母さんたちが作るその素朴な味が評判を呼んでいる。

陶芸体験、炭焼き体験なども予約制で楽しめるほか、寒仕込みそ造りやシイタケ狩りなどの体験イベントも行われるので、興味のある人は問い合わせてみよう。

山梨県南巨摩郡身延町古関4321
☎0556・20・4141
営9:00～18:00（10～4月は～17:00）、木喰庵11:30～15:00LO（12～3月中旬は～14:30LO）　休無休（4～11月）、水曜（12～3月、祝日営業、翌日休み）　P71台

立ち寄りスポット

●甲斐黄金村湯之奥金山博物館
☎0556・36・0015
戦国時代の武田氏を支えた金山の世界を体感できる施設。鉱山道具の展示のほか、砂金採りの体験もできる

●木喰の里微笑館 ☎0556・36・0753
微笑仏と呼ばれた仏像を全国各地に残した木喰上人の資料館。微笑仏や古文書などが展示されている

食べる

「そば」の後はご当地グルメ「甲州鳥もつ煮」

土日はだいたい店を出してま〜す

1 「甲州鳥もつ煮」1パック300円
2 「下部の味噌アイス」300円
3 「桃のワインゼリー」300円（木喰庵）
4 温泉卵入り「長芋月見かん」450円（木喰庵）

「木喰庵」

そば処「木喰庵」の人気メニューは「もりそば」と「山菜おこわ」。デザートにはぜひ甲州ワインをベースにしたゼリー「桃のワインゼリー」を。お土産売場で見つけた「味噌アイス」はクセになる味。入り口付近からは「甲州鳥もつ煮」のおいしそうな匂いが…

「もりそば・山菜おこわ（小）」950円

見る

秋ならではの風情を…

畳と囲炉裏でしばしの休息

「ホタルドーム」
入館料／大人300円、小中学生150円

買う

名物みそ食品をお土産に

地元の大豆で手作りで仕込んだ「下部味噌」630円は人気ナンバー1。そのみそを使った「味噌ようかん」430円、「味噌大豆」370円、「みそ飴」350円もお薦め

「百目柿」1箱2400円は毎年のリピーターが多い

人気のみそシリーズ

「なめこ」240円〜

「きゃら蕗」525円、「小梅」525円

「甲斐路」360円

山梨県

県外近隣 +6

【道の駅】富士川ふるさと工芸館

伝統工芸を体験し、大自然の中で遊ぶ。楽しさ満点のスポット

公園面積53ha、東京ドーム約11個分という広大な「富士川クラフトパーク」の敷地内にある道の駅。その駅名からも分かるように、大自然に囲まれた館内には、陶芸やガラス工芸、手すき和紙、銀細工、印刻など、地元を代表する伝統工芸の各工房があり、子どもから大人まで、さまざまな体験を楽しめるのが一番の魅力。売店では700年の伝統を持つ湯葉や、50種類以上あるワインや地酒、銘菓や干しシイタケ、南部茶など充実した地場産品を販売。山梨ならではの印伝など郷土色の強い土産物も多く取りそろえている。

また、山梨名物と言えば誰もが思い出すのが「ほうとう」。11月中旬以降からの冬季限定だが、野菜たっぷりのアツアツの「ほうとう」は、ここに来たらぜひ食べたい一品。そのほか馬肉を使った「うま丼」（P29参照）や「馬もつ煮」など、珍しい馬肉料理は通年食べられる必食メニュー。駅をとりまくクラフトパークには、「切り絵の森美術館」が4カ所設けられ、常設展や企画展などを開催している。芝生広場や大型遊具のあるクラフト砦、カヌー場、バーベキュー場などもあるので、ピクニック気分で訪れるのもいい。

山梨県南巨摩郡身延町下山1578
☎0556・62・5424
営 売店9：00～17：30（4～9月）、9：00～17：00（10～3月）、軽食喫茶10：00～15：30、美術館10：00～17：00（最終入館16：30）　休 水曜（祝日営業、翌日休み）、祝日の翌日（その日が祝日・日曜は除く）、ほか臨時休館あり　P 59台、バス11台

立ち寄りスポット

●日蓮宗総本山 身延山久遠寺
☎0556・62・1011
日蓮宗の総本山で、750年前に日蓮大聖人が晩年を過ごされた霊山。境内にある樹齢400年を超える2本のしだれ桜も有名

●下部温泉郷 ☎0556・20・3001
（下部観光協会）
著名人も数多く訪れる隠れた名湯。甲斐の名将・武田信玄の隠れ湯としても知られている

喫茶軽食　テイクアウト　土産売店　特産物直売所　無料休憩所　身障者設備　ベビーベッド
展望台　公園広場　体験施設　ギャラリー博物館　観光情報等　ポスト

1「切り絵の森美術館工芸館ギャラリー」
2・3「切り絵の森美術館古民家ギャラリー」

体験 誰でも簡単。気軽にものづくり

ガラス工芸、陶芸、シルバークレイ、印刻などの工房があり、気軽に体験できるのがうれしい。どれも30分程度なので、思い出づくりにぴったり。そのほかクラフトパーク内ではカヌー体験もできる。詳細は問い合わせを

4 陶芸体験
5 ガラスでペーパーウエイト作り
6 カヌー体験

買う

7 印伝のバッグ類。携帯入れや財布などがお手頃
8 採れたて野菜や果物も販売
9 人気No.1の山梨ワインや地酒など50種類以上をそろえている
10 湯葉は3種類あり、580円～

クラフト砦

芝生イベント広場

遊ぶ 自然の中で体を動かそう

パーク内には芝生広場や大型遊具、クラフト砦などがあり、思い切り遊ぶことができる

食べる やっぱりはずせない「ほうとう」

お腹が空いたら山梨を代表するご当地グルメを堪能しよう。「うま丼」800円（P29参照）や「馬もつ煮」などここでしか食べられないおいしさに出合える

名物「馬もつ煮」550円

野菜たっぷりの「ほうとう」700円（冬季限定）

愛知県

【道の駅】つくで手作り村

県外近隣+6

伐採、チェーンソー木工、料理…。豊富な体験メニューにびっくり！

愛知県の南東部、静岡県の三ケ日から続く国道301号を北上した標高550mの高原に「つくで手作り村」はある。住所は〈作手〉と書いて「つくで」。名前はそれをひっくり返して〈手作り〉村。「手作り・農業・自然」をテーマとしているだけあって、とにかくその体験メニューの豊富さに驚かされる。それもちょっとユニークなところがまたいい。例えば、立木の伐採、チェーンソー木工、つくで米ミネアサヒの栽培、五平餅作り、流しそうめん、バーベキュー、機織り、万華鏡作り、竹細工など、ざっと数えても25種類はくだらない。体験メニューは開催日が限定されていたり要予約のものも多いので事前に確認を忘れずに。

そして体験の後は、田舎料理の食堂「味彩館」で名物の特産トマトを使った「ハヤシライス」でエネルギーを補給。続いては新鮮野菜直売所「山家市」でのショッピングタイムだ。地元野菜、にがりにこだわった手作り豆腐、地元のお母さん手作りのみそや素朴な味の自然薯かるかん、かりんとうなどが所狭しと並ぶなか、お気に入りを探すお土産選びも、楽しい体験メニューのひとつかもしれない。

愛知県新城市作手清岳字ナガラミ10-2
☎0536・37・2772
営10：00～18：00（10～3月は～17：00）、味彩館10：00～17：30LO（10～3月は16：30LO） 休木曜（祝日営業、翌日休み）
P74台

立ち寄りスポット

●亀山城址
☎0536・32・1985（新城市観光課）
1424年奥平貞利が築城、以来5代が居城。その後作手藩の城郭として栄えた

●甘泉寺コウヤマキ
☎0536・32・1985（新城市観光課）
樹齢600年以上、高さ28m、幹回り6.5mの大木。国の天然記念物になっている

レストラン　テイクアウト　特産物直売所　無料休憩所　身障者設備　AED　公園広場
体験施設　観光情報等

山に囲まれた大自然を満喫しよう

体験

盛りだくさんの体験メニュー。自然と思いっきり遊ぼう！

立木を手鋸で切り倒す「伐採体験」（1回5000円）や、丸太をチェーンソーで削り出し椅子や花台を作る「チェーンソー体験」（3000円〜）なんていうメニューは、よそではちょっと体験できない

1 ニジマス釣り
2 伐採体験
3 チェーンソー木工
4 バーベキュー
5 紙粘土クラフト

「トマコロハヤシ」950円（1日限定10食）

買う

野菜、豆腐は売り切れにご用心

朝採りのトマト、ナス、カボチャ、トウガンなど季節の野菜がズラリと並ぶ。人気の豆腐は「自然薯豆腐」500円、「木綿・寄せ豆腐」280円がそろう。11時頃から出来たてが並び14、15時頃にはなくなってしまう

6「ミネアサヒ」5kg2500円
7 豆腐工房
8「ミディトマト・桃太郎」100円〜
9 一番人気の「長者味噌」800円

食べる

名産トマトがハヤシライスに変身

作手産の高原トマト桃太郎をふんだんに使ったハヤシライスに、おからとジャガイモをトマトに詰めたコロッケをのせた「トマコロハヤシ」は1日限定10食のレアモノ（お土産用レトルトハヤシライスソース420円もある）。トマトソフトにトマトジャムとソースをかけた「トマトサンデー」も人気だ

近々発売予定の猪肉ライスバーガー「森の騎士」

「トマトサンデー」350円（1日限定10食）

長野県

【道の駅】

信《しん》州《しゅう》平《ひら》谷《や》

県外近隣 +6

ひまわりとトウモロコシとプールに温泉。夏を楽しもう

長野県南部、標高約1000mに位置する道の駅「信州平谷」のベストシーズンは、ズバリ「夏」。施設の北側、南側に広がるひまわり畑は、誰もが感動する、とっておきの夏スポットだ。ひまわりの見頃は8月上旬だが、ぜひ事前に問い合わせを。そして平谷の夏と言えば、トウモロコシ。ここではトウモロコシ狩りを楽しむことができ、糖度の高さが魅力の「ハーモニーショコラ」の採りたてを生でガブリ!とやれば、そのジューシーさに、きっと驚くはずだ。トウモロコシは「ひまわり市場」という地元野菜の直売所でも販売されているが、昼前には売り切れてしまう。そんな時は平谷のトウモロコシで作ったレトルトコーンスープも販売されているので、これをお土産にするのがお薦めだ。

敷地内にはこのほかにも、庭園露天風呂のある「ひまわりの湯」、25mの温水プールとスライダーのある「ひまわりプール」(4~9月)、宿泊施設「ひまわり館」、山小屋気分が味わえる「せせらぎコテージ」などの施設もある。日帰りではもったいない、泊まりで出かけたい道の駅だ。

長野県下伊那郡平谷村252
☎0265・48・2911
営ひまわり市場8:30~18:00(冬季は9:00~17:00)、ひまわりプール10:00~18:00、ひまわりランド(休憩・食事処)8:30~19:30、ひまわり亭(郷土料理店)11:00~19:00、ひまわりの湯10:00~21:00(最終入館20:30)　休水曜(祝日営業、翌日休み)
P170台

立ち寄りスポット

●平谷高原レジャーランド ☎0265・48・2100
コテージ、バギー(4月上旬~11月下旬)などがあり、大人から子どもまで楽しめる

●平谷湖フィッシングスポット ☎0265・48・1127
初心者から上級者まで、ルアー、餌釣りなどが楽しめる(3月下旬~12月中旬)

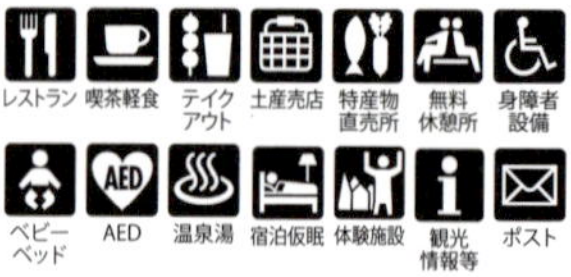

迫力満点のロングスライダー

プール入場料/大人(中学生以上)800円、子ども(3歳以上)500円

木々に包まれて、避暑を満喫しよう

「せせらぎコテージ」は4~6人用が8棟あり、料金は14000円~。新緑の春、紅葉の秋に訪れるのもいい

絶景

5000本の圧巻ひまわり!

ひまわりは毎年、地元の人たちによって育てられているのだそう。誰もが携帯カメラでパシャリ。思い出に残したい、文句なしの夏のひとコマだ

体験

その場で食べればなおさらおいしい!

トウモロコシ狩りは7月下旬～9月上旬がシーズンで、1本200円で買い取りとなる。驚く甘さとジューシーさで、まるでフルーツのようだ

食べる

長野と言えば、ニジマス、おやき、五平餅

ニジマスの甘露煮に、信州牛肉コロッケ、手作りおやきが付く定食は値段も手頃。五平餅は甘いエゴマだれがかかっている。テイクアウトのおやきは野沢菜、ナスみそが人気らしい

「手作りおやき」130円

「手作り五平餅」300円

「おふくろ定食」1000円

温泉

ひまわり温泉の別名は美人の湯

広々とした庭園露天風呂が人気の天然温泉。美肌に効果があると言われるナトリウム炭酸水素塩温泉で、お肌ツルツル

入浴料／大人（中学生以上）600円、子ども（3歳以上）300円

買う

1「トウモロコシ」はLサイズ4本750円。「トマト」は300g250円くらい
2「コーンスープ」230円

2

1

一番人気は、やっぱりトウモロコシだね

5

4

3

選手権

2

2 エッ！ほんとにトマトの味と香りだ「とまとソフト」300円

つくで手作り村（P70）

トマトの味と香りがいっぱい！のユニークソフトクリーム。記憶に残るがゆえに、また食べたいと思わされてしまう魅力がある。

3 野菜だってソフトクリームになるんです「コーンソフト」300円

信州平谷（P72）

平谷産トウモロコシのコーンスープで作られている。バニラ味とちゃんとミックスしていて、コーンの香りもしっかりと。クセになりそう。

4 お茶のさわやかさが大人気「玉露ソフト」300円

玉露の里（P36）

抹茶入りソフトクリームに砕いた玉露の茶葉もたっぷり入って丸ごとお茶風味！

5 ハナモモをイメージしたピンクがキュート「花桃ソフトクリーム」250円

天竜相津 花桃の里（P52）

ほんのりピンク色は春に見頃を迎えるハナモモをイメージ。どんな味かと思いきや、さっぱりとしたイチゴ味!?

1 あさぎり牛乳で作った濃厚ソフト「こけもも・バニラ」300円

朝霧高原（P22）

見た目にもかわいいピンクとホワイトのハーフ＆ハーフ。ミルクの濃厚さと、コケモモのさわやかさが一緒に味わえるからオトク。

6 さわやかな味と香りが魅力 「ソフトクリーム・抹茶」250円

川根温泉ふれあいの泉（P38）

ここは茶処・川根。当然ありました、抹茶のソフトクリーム。お茶の香りはもちろんのことその味もさわやかで、あっという間に完食。

7 ほんのりサクランボ味!?と評判 「富士桜ソフト」300円

なるさわ（P64）

富士桜の果肉から抽出した原液をまぜ合わせたココでしか食べることのできないレアモノ。意外にサッパリしていて、男性にも人気。

8 信玄餅がソフトになった!? 「信玄ソフト」400円

富士吉田（P62）

バニラと黒ゴマきなこをミックスしたソフトクリームに、黒蜜をかけた、ご当地名物スーパーソフトだ。

道の駅ソフトクリーム

『道の駅でソフトクリーム』。なぜかこれは定番的お約束のようで、ほとんどの道の駅にソフトクリームはある。それも、ご当地の特産物を使ったり、名産からアイデアをもらったりと、個性派ぞろいだ。さて、あなたのお気に入りは…

9 鼻を抜ける刺激がたまらない! 「わさびソフト（本ワサビ付き）」300円

天城越え（P14）

牧場直売のフレッシュな牛乳ソフトに、香り豊かな本ワサビを贅沢にトッピング。突き抜ける刺激と香りにノックアウト。

10 さわやかコケモモ!? 「プレミアムアイス（こけもも）」350円

伊東マリンタウン（P4）

朝霧高原から届くフレッシュな牛乳をたっぷりと使用。牛乳屋さんの手作り濃厚ソフトにコケモモの酸味がさわやか。

東名高速道路 SA《サービスエリア》・PA《パーキングエリア》 おいしい!楽しい!セレクション

話題のエリアをpick up

「金時湯」大浴場

創彩麺家・野の実
(そうさいめんや・ののみ)

ラーメン界の重鎮・佐野実氏プロデュース

「煮玉子塩らあめん」950円

佐野氏がプロデュースした初の高速道路店舗。一番人気は利尻昆布、ホタテ、トビウオなどの魚介をスープに使った「煮玉子塩らあめん」だ。
営9:00〜22:00

レストイン時之栖 (ときのすみか)

ハイウェイでホテル＆風呂!?

シングル、ツイン、和室と、ビジネスにもファミリーにも利用可能なハイウェイホテル。炭酸泉大浴場やサウナ、女性専用足湯岩盤浴のある「金時湯」(10:00〜12:00利用不可)のみの利用もOKだ。

営24時間

EXPASA《エクスパーサ》足柄【上り】

2010年11月にグランドオープンしたばかりのこれゾ!進化系SA。ホテル、風呂、ドッグランなどの施設もあり、グルメ・土産も迷ってしまうほどの充実ぶりだ ☎0550・83・1311(コンシェルジュ)

ロータスガーデン

富士山とご当地ホットドッグ

人気メニューは地元の人気肉店に特注した裾野ポークソーセージと、自家製全粒粉パンの「渡辺工房のホットドッグ」。テラス席で富士山と一緒に。 営11:00〜22:00

「渡辺工房のホットドッグ」390円

「日の出たまご」480円(6個)

「たまごロールケーキ」1365円

たまごや

ロールケーキ人気沸騰中

富士山麓で育った濃厚な「日の出たまご」を使った「たまごロールケーキ」は、カスタード＆生クリームが入ったしっとりふわふわ系。生卵も販売している。
営7:00〜21:00

御殿場IC　足柄SA　上り➡　神奈川県➡　⬅下り

足柄麺宿 (あしがらめんしゅく)

金太郎蒲鉾入り「金太郎うどん」

打ちたて、ゆでたて、揚げたて讃岐うどん店の人気者は、御殿場地鶏の天ぷら、金太郎蒲鉾、揚げ餅入りの「金太郎うどん」(680円)。水はもちろん富士山の水を使用。 営24時間

展望風呂

あしがら湯

ドライブ途中にひとっ風呂!

高速道路でバスタイム。それも展望風呂からは金時山の眺望が。ひのきの香りが漂うサウナもあるので、ドライブ途中のリフレッシュに。 営10:00〜23:00

EXPASA《エクスパーサ》足柄【下り】

☎0550・83・1842
(コンシェルジュ)

ドンク・ミニワン

ココでしか出会えない「きん太くん」

金太郎の顔をパンにした「きん太くん」(200円)がブレーク中。「プチ富士山」(210円)同様ココだけの限定品。
営7:00〜20:00

huradog (フラドッグ)

ワンちゃんと一緒にランチ・カフェ

日本初の高速道路SA内ドッグカフェ。ワンちゃんメニューもある。人間メニューは足柄牛100%の「特製煮込ハンバーグ＆ライス」(1000円)が人気。
営7:00〜19:00

「足柄牛と季節の野菜のわんこパスタ」350円

ドッグラン

天然芝が気持ちよさそ〜う

上下線どちらにもあるが、大型犬もOKなより広いドッグランがあるのは下り線。ペット用バイオトイレやシャワー、水飲み場までそろっている。 営24時間

「ヘソフライ」2本100円、「かつおにぎり」1個150円

日本坂PA【上り】

☎054・628・1058（エイチ・アール横浜） 営7:30〜20:00

焼津さかな工房「ヘソフライ」？

さすが港町焼津。名物はなんとカツオのヘソ（心臓）のフライ。さらに新名物の「かつおにぎり」はおにぎりをカツオのミンチで包み揚げたもの。イートインコーナーもあり、マグロやカツオの刺身も食べられる。
☎054・620・8161

「焼津まぐろ二色丼」800円

日本坂オリジナル名物パン

ここでしか買えない人気パンは静岡産のみかんをクッキー地に練り込んだ「みかんパン」とクラウンメロンを練り込んだ「メロンパン」。数に限りがあるのでお早めに。

「みかんパン」「メロンパン」各200円

由比PA【上り】

☎054・375・3873（エイチ・アール横浜） 営7:30〜20:00

最初は丼で、締めはお茶漬けで

厚さ3〜4㎝はあろうかという桜エビのかき揚げがのった丼に、白だしとお茶をミックスした特製だしを注いで食べる「桜えび天茶漬け」。人気メニューをぜひ一度。

「桜えび天茶漬け」550円

ブレークの予感！「漁師のまかない」

「漁師のまかない」525円

人気急上昇中というお土産「漁師のまかない」。袋の中には桜エビ、海苔、鰹節、昆布などが入っていて、これをご飯の上に。粉末だしが付いているのでそれを湯でといて、お茶漬けに。

駒門PA【上り】

☎0550・87・0434（東京ハイウェイ） 営7:00〜20:00

駒門の水で作る日本一の「アメリカンドッ君」

アメリカンドッグの年間販売本数日本一（日本一ネット）の記録を持つ「アメリカンドッ君」。ちょっと太めのソーセージ、国産小麦粉を使用。そして味の決め手は富士山の伏流水「駒門の水」。給水コーナーもあり、自由に汲める。アメリカンドッ君の関連グッズも販売中。

「アメリカンドッ君」1本230円

「駒門の水」

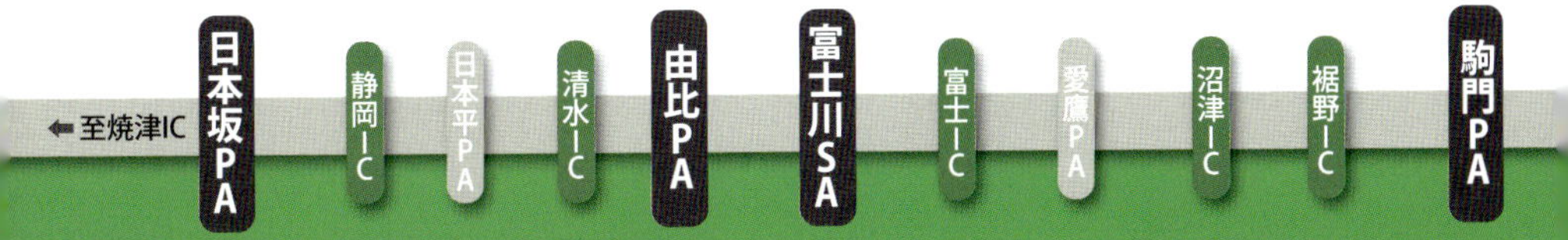

「静岡抹茶ミルクプリン」420円（右）、人気の「抹茶みるくフロート」400円（左）

日本坂PA【下り】

☎054・628・1751（天神屋）
☎054・621・3003（茶んす）

お茶スイーツなら茶んす

静岡茶やお茶スイーツが並ぶ店内にファストフード風カウンター。お薦めは抹茶入りのとろとろプリン「静岡抹茶ミルクプリン」。甘さ控えめでアッという間に完食だ。
営7:00〜20:00

知る人ぞ知る天神屋の「玉子焼きおでん」

東名下り線では唯一の「しぞーかおでん」鍋が4つも並ぶPA。定番ネタのほかにも厚焼玉子の「玉子焼き」、レンコン入りの「とりつくね」なんてものも。 営24時間

「しぞーかおでん」1本84円〜

「しらすむすび」126円、「焼きむすび」136円、「たぬきむすび」126円

ミルクのラーメン!? そして締めはリゾット？

富士宮みるく学会認定、「朝霧高原ミルクラーメン」。鶏ガラ、牛乳、そしてみそで作るスープは、まろやかでやさしい、初めての味。麺を食べ終わったらスープにターメリックご飯を入れてリゾット風に食べるのがルールだとか。

「朝霧高原ミルクラーメン」890円

富士川SA【下り】

☎0545・56・2122（コンシェルジュ） 営7:00〜22:00

富士川SA名物絶景富士山

売り切れ御免「ようかんぱん」

2010年「第1回日本全国ご当地パン祭り」第3位に輝いた名物パン。富士市内の老舗パン屋製。粒あんパンの上に羊かん、中心にホイップクリームが入っている。

「ようかんぱん」210円

牧之原SA【上り】

茶処だけあって茶葉はもちろん、お土産にピッタリのお茶スイーツがいろいろ。上下線とも朝食バイキングがあるのも魅力。

☎0548・27・2802（コンシェルジュ）

1000円缶と
800円缶がある

お茶のさと
お茶詰め放題に挑戦！

静岡県内各地のお茶や関連グッズを集めた「お茶のさと」。人気を呼んでいるのが普段飲み用牧之原茶の「お茶詰め放題」だ。上手に詰めれば断然お得！

営24時間

レストラン
地元食材満載の弁当を予約しよう

人気の「駿河三昧」は桜エビ、ウナギ入り。地元食材を使った予約弁当が3種類840円～ある。前日までに種類、時間、個数を電話予約して。

☎0548・27・2331

「駿河三昧」1260円

レストラン
フルーツ＆スイーツ・パフェ放題

まずはパフェグラスにフレーバーソースをかけてフレークを投入。その上にソフトクリームを。あとは好きなフルーツ、スイーツをトッピングして、最後にもう一度フレーバーソースをかけて「マイパフェ」完成。
営11:00～20:00（パフェ）

パフェ放題
680円
（1回のせ放題）

健康への広場
長距離ドライバー御用達!?

大型車駐車場のすぐ近くになんともユニークな広場発見！鉄棒、あん馬風ベンチ、背中伸ばしベンチ、足踏み石!? 知る人ぞ知る健康スポットらしい。

営24時間

足踏み石で
足裏のツボ
を刺激

背中伸ばしベンチで、コリ解消

牧之原SA【下り】

☎0548・27・2801
（コンシェルジュ）

ショッピングコーナー
新名物「茶chaどら」

2010年11月発売のニューフェイス「茶chaどら」。小豆とお茶のムースを静岡抹茶入りのパンケーキで挟んだ甘さ控えめの生どら焼きだ。

営24時間

「茶chaどら」
180円

うまいもん屋・牧之原亭
マスクメロンがソフトになった

静岡産マスクメロンを贅沢にもそのままミックスしたソフトクリーム「静岡メロンソフト」。メロンのさわやかな甘さが、なんともシアワセ！
営9:00～18:00

「静岡メロンソフト」350円

季楽々喜(きららぎ)
茶処ならではの「緑茶いっぷくセット」

急須、茶葉、茶こし、茶碗、砂時計といった茶器一式と和菓子がセットになった本格派。茶葉は当然、牧之原の高級煎茶。3煎目まで、ゆったり、のんびり味わうことができる。営7:00～22:00

「緑茶いっぷくセット」480円
販売時間／11:00～

季楽々喜(きららぎ)
審査員特別賞受賞「なないろちらし寿司」

2010年12月に「中日本エクシス第3回SAPAメニューコンテスト」で審査員特別賞を受賞した「なないろちらし寿司」。その名の通り7種の魚介と、7種の野菜が酢飯にトッピングされた豪華版だ。営7:00～22:00

「なないろちらし寿司」1000円
販売時間／11:00～

浜名湖SA【上り・下り】

上下線一体型SAで、浜名湖を望むそのロケーションは旅の疲れを癒やすこと間違いなし。恋人の聖地にも認定されカップルにも人気。☎053・526・7220（コンシェルジュ）

園地
恋人の聖地で鐘を鳴らそう

浜名湖SAが恋人の聖地として認定された。湖畔には2人で鳴らす「幸せの鐘」が建ち、その隣にはメッセージを添えた2人の愛をつなぐ南京錠「浜名湖ハートロック」がズラリ。

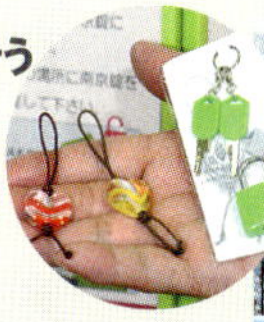

「浜名湖ハートロック」1200円（南京錠1個ストラップ2個のセット）は売店で

「うなスパ」1000円

レストラン
ロングセラー定番 人気の「うなスパ」

レストランの人気者「うなスパ」。白焼きウナギとパスタがコラボした一品で、パスタにはウナギのたれ風特製だれが使われている。好みでワサビマヨネーズを混ぜて。営7:00～22:00（土・日～22:30）

園地
浜名湖の絶景でしばし休息

晴れた昼間ならもれなく文句なしの浜名湖の絶景に出会える。もちろん夕暮れ時もお薦めで、春は園内にサクラが咲く。

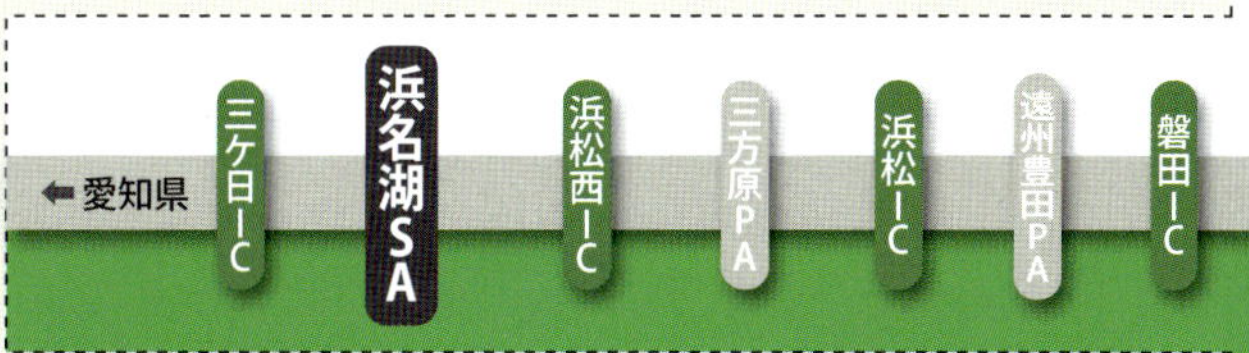

浜名亭
浜名湖といえば、やっぱり「ウナギ」

割きは背開き関東風、焼きは地焼き関西風というのが浜名亭のウナギ。人気メニューは「お櫃まぶし」で、そのまま食べて「うなぎ丼」、薬味をまぶして「まぶし膳」、特製だしをかけて「うなぎ茶漬」で3度おいしい。
営11:00～21:00（土・日～21:30）

「お櫃まぶし」2500円

蒲焼がご飯の中にもう一枚入っている「うな重松」3000円

フードコート
冷たくてあったか!? 「アイスコルネット」

浜松のB級スイーツ「アイスコルネット」をフードコートで発見。オーダーが入ってから揚げた熱々のパンにソフトクリームを入れて完成。この食感クセになりそう。

営24時間

「アイスコルネット」400円

リトルマーメイド
ココでしか買えない 限定「うなぎドッグ」

ウナギをパンに挟むとは、さすが本場！ 全粒粉のパンに蒲焼ウナギと野菜。山椒も効いて、かなりイケる。数に限りがあるのでお早めに。
営8:00～20:00（土・日曜7:00～21:00）

「うなぎドッグ」400円

「雉めし・牛めし味くらべ」1260円

きじ亭
キジ肉の入った「速弁」

高速道路名物「速弁」。ここでは引佐産キジ肉の「雉めし」と、静岡県産和牛カルビの「牛めし」2つが楽しめる「雉めし・牛めし味くらべ」が人気。☎053・526・7611

ショッピングコーナー
三ケ日みかんがドレッシングに

三ケ日みかんをたっぷり使った保存料・化学調味料無添加のドレッシング「三ケ日みかんドレッシング」（650円）と、「三ケ日みかん塩ポン酢」（800円）。人気沸騰中のココでしか買えないお土産だ。営24時間

浜名湖産海苔使用の「浜名湖のり佃煮」630円も人気

企画・編集　静岡新聞社 出版部

スタッフ
海野志保子・梶　歩・小林紀子
桜田亜由美・鈴木三千代・瀧戸啓美
永井麻矢・深澤二郎・水口彩子

デザイン
komada design office

ぐるぐる文庫　しずおか道の駅本
2011年5月18日　初版発行

著　者　静岡新聞社
発行者　松井純
発行所　静岡新聞社
〒422-8033　静岡市駿河区登呂3-1-1
TEL　054-284-1666

印刷・製本　株式会社DNP中部

ISBN978-4-7838-1918-9　C0036

＊定価は裏表紙に表示してあります。

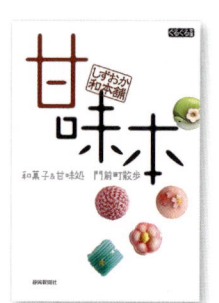

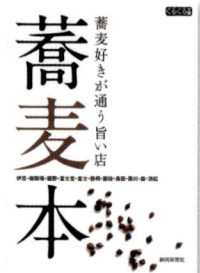